U0706198

仁心健在

张仁健先生纪念文集

北岳文艺出版社 编

山西出版传媒集团 北岳文艺出版社
BEIYUE LITERATURE & ART PUBLISHING HOUSE
·太原·

图书在版编目（CIP）数据

仁心健在：张仁健先生纪念文集 / 北岳文艺出版社编. 一太原：北岳文艺出版社，2020.5

ISBN 978-7-5378-6180-9

Ⅰ.①仁… Ⅱ.①北… Ⅲ.①张仁健（1938-2018）一纪念文集 Ⅳ.①K825.42-53

中国版本图书馆CIP数据核字(2020)第056800号

仁心健在：张仁健先生纪念文集

北岳文艺出版社 / 编

策划
续小强　韩玉峰

责任编辑
韩玉峰

书籍设计
张永文

印装监制
郭勇

出版发行：山西出版传媒集团·北岳文艺出版社
地址：山西省太原市并州南路57号　邮编：030012
电话：0351-5628696（发行部）　0351-5628688（总编室）
传真：0351-5628680
网址：http://www.bywy.com　E-mail：bywycbs@163.com
经销商：新华书店
印刷装订：山西人民印刷有限责任公司

开本：787mm×1092mm 1/32
字数：170千字
印张：9　彩插：30
版次：2020年5月第1版
印次：2020年5月山西第1次印刷
书号：ISBN 978-7-5378-6180-9
定价：45.00元

大学期间摄于北大校门口

20世纪70年代摄于迎泽公园

20世纪80年代末于三桥街宿舍书房奋笔疾书

不惑之年

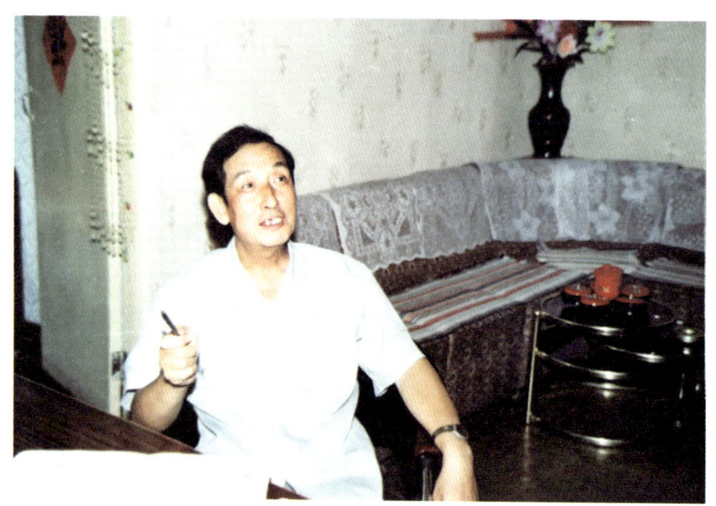

文思泉涌、自我陶醉时的神情

退休后继续返聘担任《名作欣赏》主编

2010年与全家日本旅游留念

2012年于巴黎凯旋门前留念

标志性的笑容

夫妇结婚照

1968年结婚时摄于上海黄浦江边

半岁失母，自幼由大表姐抚养长大，一直视其如母(后排居中为张仁健)

1972年春节携全家回南通老家过年(后排左二为张仁健)

1972年与大女儿海燕摄于江苏南通

1974年张仁健(后排右一)父亲张琪琛(后排居中)唯一一次太原行,图为一家人留影于晋祠

1974年张仁健(右一)父子于晋祠留念

1978年与二女儿云燕摄于并州路山西人民出版社门口

1986年全家照，摄于北海公园

与义子姚军(左一)合影,照片中的诗作是对静乐的描写

与余大中先生(左一)家中留影,两家的友谊始于20世纪70年代末并州路山西人民出版社大院

1995年，全家同游西湖

1995年，于杭州太子湾公园合影

1996年春节，与爱婿钱力(左一)合影

20世纪90年代末期，夫妇同游九寨沟留念

与义子余超英(右一)合影

20世纪90年代末，与老邻居港澳游留念(后排左二为张仁健)

2005年初,全家于康庄生态美食林合影

2013年春节,与来自合肥的亲家及太原亲人大团聚(前排左五为张仁健)

与老伴在香港维多利亚海边合影留念

2015年夏，于美国黄石国家公园留影

2015年夏，与爱孙钱胤然于夏威夷留影

2015年9月26日，在首届山西文博会上签售新书《鳞爪集》

2016年5月与妻表弟(居中)在北京画廊留影

2016年4月30日，姐妹与连襟合影留念(后排左一为张仁健)

2016年5月与妻表妹小红、小梅在长风商务区留影(居中为张仁健)

2016年8月，机场喜迎外孙钱胤然由合肥回并过暑假

2017年春节与义子、义女及其家人合影留念(前排左一为张仁健)

2018年10月，与老友山西省人民医院神经外科创始人王树英（右一）午餐后沐浴于温暖的阳光下

与金志仁（后排左一）等老友在南通老家团聚（前排左三为张仁健）

2003年，在二营盘新居为上海来的老同学徐朴(居中)过生日(右一为张仁健)

2014年冬，在北京语言学院与老同学合影留念(居中为张仁健)

与同学邵璧华(右一)合影

在静乐扶贫期间,炕头乐趣(居中为张仁健)

南京师范大学教授金启华(右一)为《名作欣赏》创刊五周年挥毫题字(左三为张仁健)

南京大学何永康教授(左二)与《名作欣赏》同仁拜谒中山陵留念(摄于1986年,左三为张仁健)

三位《名作欣赏》主编（左起：解正德、张仁健、杨济东）

第五届华北地区“十佳”期刊评选工作会议

《名作欣赏》荣获华北地区“十佳”期刊（右二为张仁健）

《名作欣赏》编辑部成员(左起:贾晋仁、杨济东、张仁健、解正德、田宝琴)

与张成德(左一)一起看望作者周汝昌先生(居中)

在医院探望剧作家曹禺先生(右一)

与挚友林友光(右一)夫妇、张成德(右二)夫妇合影

2010年10月，《名作欣赏》创刊30周年社庆留念（前排左四为张仁健）

目录

当其时也，

有幸与新中国同属一个生肖但痴长一轮的我，

伴随着新中国曲折坎坷的步履，

呼吸与共、命运相关地走过了近三十年的火热而不无蹉跎的岁月，

尤其是经历了那十年“文革”浩劫，

回首既往，屈指数年，不由惊心动魄地发现，

我的人生之旅，已跨进了孔圣所指不惑之年的门槛了。

* * *

张仁健2016年摄于北欧旅游游轮上

张仁健自述

一　舞文话疚咎

自打迈入北京大学中文系的门槛，此生注定与舞文弄墨生涯结下了难弃难离的不解之缘。

1956年秋，在令新中国知识界着实大为感奋的“向科学进军”的号角声中，我这个来自滚滚长江东流入海口的江北之滨的毛头小伢子，满怀着当作家、学者的豪情壮志，有幸跻身于人文环境一流、学科与师资水平一流的最高学府北京大学中文系的最高育才的文学殿堂，开始接受长达五年的语文学习的高等教育。生性较为疏懒的我，虽不似最为投缘的同窗彭庆生、张继顺、张永鑫诸君那样废寝忘食如饥似渴地刻苦求读，但也如鱼得水、甘之如饴地开始吮吸着古今中外文学名著中的芳香四溢的墨液精髓。在燕园如诗如画的湖光塔影之下，在古典幽静的教室及图书馆之中，率性而不甚勤奋，愉悦而不知忧烦地度过了不足一年的最为美好的青春学子的读书年华。而今追忆，这段光景，总算是为此后的舞文弄墨，垫了几方小小的基石。

1957年的春天，自上而下刮起的春风，神州大地风生水起的春潮，波及了未名湖的一池春水，打破了燕园往昔的静谧，更引逗了我等少不更事的学子小伙子们发扬"五四"民主精神的春怀蠢动，始料未及的最终结果是：搁浅了整个春春期的美好春梦。

那一年的5月19日，中文系的学长沈泽宜、张元勋首先吞饵跃出水面的《是时候了！》诗唱大字报在大饭厅的东墙上贴出后，一夜之间以"五四"民主精神继承发扬者自诩的北大学子群起响应，民主的心声、助党整风治国理政的言论以舞文的形式如春风吹放的春花，绽开在"三角地"的民主墙上。入大学后，以诗才横溢的同窗挚友蔡根林、张继顺为楷模，以家父在"五四"初期，紧随北大返乡学生魏建功老伯以诗文高倡"民主科学"精神而被如皋师范开除学籍的"光荣"历史为榜样的我，便任凭一时冲动，不惶推敲地写了首题为《放开嗓子唱》的稚嫩拙劣的小诗，经由张永鑫兄抄写，几位投缘同窗签名，硬着头皮张贴出来。也许是自惭形秽吧，这张并不大的诗唱大字报是在某日暮色苍茫中张贴在并不十分起眼的墙角，幸好没引起左派人士的多所关注。否则，我这公开舞文的咎由自取的后果，绝非是与“右派分子”蔡根林过从甚密，与同班某些党团领导相处不睦而以“反党右倾小集团”成员的名头开除团籍所能了事的。其实呢，我那“放开嗓子”所要唱出的只不过是入学以来自以为专业的追求被班上政治领导所压抑的那股不平不忿之气罢了。诚如改革开放后沈泽宜学长对我坦言的那样，他俩所写的所谓“是时候了”，实指是：在选拔留苏深造人才时，冲破“唯成分论”的藩篱，给德才兼备者一平等进取机会的民主权利，已经是应该到来的时候了！但是，这等实质性内容，以涵泳含蓄、联想浮翩的诗体民主高唱舞弄而出，经时髦的“上纲上线”手法剖析解读，那罹祸之致命之咎，不是“号召反党反社会主义是其时也”，又是什么？按同样的逻辑判断，我那要“放开嗓子唱”的，不是“反党反社会主义”的反革命之心声，又是什么呢？联系你非根正苗红的家庭出身，你的司马昭之心，不是昭然若揭吗？事后自思自想，要怪则怪：亏你枉以北大高才生自诩，连"诗无达诂"的古训，都被冲动的魔鬼赶出头脑，昏昏然写诗放声高唱，活该咎由自取！经此，当时我收获的直接教训是：自今而后，切莫轻易公开染指政治色彩浓厚的又难达诂的诗歌。诗的北大，并非是诗的伊甸。倘若技痒难熬，不妨将一己之情，悄然写在自己妥存的诗册上，无聊时孤芳自赏，自叹自适。

吃一堑，长一智。反右中的亲历、亲见、亲闻，令我这个政治幼稚、思想单纯、不辱"大傻瓜"稚号的愣头青，为保舞文自存，获取了如下深层次的教益：当今之世，舞文如同是在意识形态领域使枪弄棒，自以为武艺高强，但内功（政治修养）不济，又不尊奉领导的指点，舞弄不得法，定当自取其咎，就像投笔"乌龙"自点命门大穴，捧砚自砸双脚经脉一般；党的领导是具体而微的，即使是现下班级的党团行政领导也休得恃才小觑；只有遵命舞文，方可舞将起来；不辱使命，方可舞将下去！

舞文的悟性提升了，舞文的内外功兼修了，舞文的社会人际关系厘清了，在党指导下的舞文机遇便不期而至了。

1958年初，反右斗争炮火甫一尘埃落定，惯于在同“天地人”的斗争中感受到乐趣的各级领导，便又在高校中发动起批判资产阶级学术权威，唯心史观学术思想的群众运动。我们这些“三娘教子”尚未成才之学子，立即拿起笔作刀枪，演练了一出“子教三娘”的有声有色的喜剧。我班是以“毛泽东文学社”的旗号挥戈上阵的，除划为戴帽“右派”的四位另类与两位因病休学者，余众皆为文学社成员，在以党支书陈键同学为社长的社委会领导下，首列科研课题便是批游国恩老师兼及武汉大学刘永济教授的楚辞研究的论著。批游之《评〈屈赋考源〉》在批判组的研讨基础上由王叔珩、陈键署名在《光明日报·文学遗产》上发表后，陈键决定：首战告捷，乘势挥戈，再战批刘。没有想到，他竟把批判刘教授的重任交给我和洪成玉同学，并明确告我说：“洪成玉志在学语言，你的文学造诣与笔下功底稍强，批刘文章由你执笔，好自为之噢!”我当时尚未从“反右”的政治阴影中走出，洪兄是根正苗红的中左人士，陈键把他和我配对安排，指定我执笔，确是关顾我而又颇具深心的政治老到之举。他对我的破格任用，令我由颓唐而振作，为自己今后的舞文出路计，心想定要在批刘之役一显身手。怀此不纯动机，我对刘先生楚辞研究中所倡争议性学术问题应不偏不倚，求同存异持以折中态度的明智主张，硬生生地视同阶级斗争的政治立场，牵强附会地“上纲上线”，以《在折中的幌子后面》这一火药味十足的标题，力批刘教授《九歌》“呵壁”说的荒谬；力主屈原借用民间传说元素创作《九歌》说的可靠，从而大肆挞伐刘先生在折中幌子后面隐藏的是抹杀屈赋思想价值的叵测用心。如此这般的强词夺理之作，居然在北大公开出版的某期大批判集中煌然署名刊出。

立此“战功”后，确有立功自赎的欣然飘然之感。其后，在若干科研课题中，我便忝列有舞文资质与能力的参与者。借此机遇，我又相应有了泡图书馆看书整理资料充电的权利，不再惧怕有走“白专道路”之嫌。

走出校门，步入社会后，迭遭无妄致咎之灾，偶翻我首次在纸质出版物上公开致人之咎的这一舞文遗存时，将心比心，内心的负疚与自责之感便油然而生，拂之不去。时势所使然的违心之言，令我负疚；为一己之私，有意混淆学术问题与政治问题的界限，恶意践踏一位老学者的人格尊严，踩在他的身上以攀舞文自荣的光环，那就不能不为自身人性的异化与人品的自污而深自疚愧了。己所不欲，反施于人，无异涉嫌犯下“故意伤害”之罪。这应当说是我舞文多半辈子以来，唯一的负疚自责，终生悔恨交加之举。记取这一教训，终身受益无穷。即使在“四大民主”闹翻神州大地的“文革”那年那月，我虽逼上梁山加入“造反派”的行列，不时充任口诛笔伐急先锋的角色，但总是牢记“己所不欲，勿施于人”的古训，对所谓当权派也好，“黑五类”也好，对立面咄咄逼人的“文攻武卫”也好，我多半是以嬉皮士方式，或冷嘲热讽幽然挖苦一番或得理下笔不伤人，无理胡搅蛮缠打一场口水墨汁仗而已，虽气得对立面声称要“矫正我的怪舌”，但我的怪舌秃笔，却始终没有无据、违理出口伤人、用刀笔砍人杀人；无能面对对立面引入的工农武斗雄威时，我的基本策略是“逃为上计”，不是赴京逃亡至彭庆生在人民文学出版社的小街斗室，便是在五台山佛光寺的禅室中快活逍遥达一月之久。

我在整人成风的“文革”岁月中，能“活学活用”“己所不欲，勿施于人”的古训，并非是在语义层面上加深了对此的领悟认同，而是对“文革”初期大咎幸免经历的铭心体悟。事情是这样的："文革"前，我作为"四清"老手，在连续的第三个年头，已荣升为社教工作队副队长，分派到大同县御河边的一个名为利仁皂的大村大队，参与"四清"工作队舞文与动口方面的领导。后期着手村领导班子调整时，多数村民强烈要求对几年前在"反右倾"翻案风中被错整开除党籍下台的村支书与村长昭雪平反，恢复党籍原职。众口一词说，只有这样，本村才能重振"朝纲"，恢复元气。经查核，二人被开除党籍的主要"错误"是：1958年抵制了县委立即毁庄稼搞深翻的指示；消极应付县委工作组开展的"大跃进"运动（其实是没有充分满足工作人员多吃多拿的需求）。后者引发了工作组的强烈不满，加上个别村痞趁机进谗，这两位优秀村干部便在大势所趋的"反右倾"翻案风中蒙冤被整，被开除党籍下台。我负责平反的专案调查，并将由我起草的平反材料，包括村民的联名上书，送交时任的县委书记。书记刘某审阅了报送材料，承认对二人当年的处理不当，建议让二人重新入党，但拒绝重做平反结论。其时，我们即将奉命回省城原单位参加"文革"运动。县委书记的推诿，引起了我年轻气盛的仗义之情，拂袖而去时撂下不识时务的大话：回省后，我要为含屈者向省委甚至向中央代为申诉，定要讨回公道！岂料我回省文化局后，应对史无前例的“文革”的惊涛骇浪已是自顾不暇，而政治手腕老到的大同县委却先下手为强了。某日早餐毕，返回机关大楼，只见一楼门厅的正面纸糊竹墙前人头攒动挤看一张大字报，近前一看，大字报的标题是《把破坏“四清”运动的现行反革命分子张仁健揪出来示众!》，罪状是指控我趁右倾翻案妖风，在本县开展“四清”工作，利用职权为开除党籍的蜕化变质分子原村支书、阶级异己分子原村委会主任翻案，并在申报材料上恶毒攻击三面红旗、党的阶级路线……大字报落款是大同县委。两旁已贴满对立面红卫兵组织的呐喊声讨的标语口号式的大字报。其中，少不了翻旧账揭老底的所谓出身剥削阶级家庭，父亲是老国民党员，本人是漏网“右派”等“下石”“扔砖”“吐唾”之类的卑污笔墨。

呆立在这张大字报前的我，顿时两眼发黑，心惊肉跳，冷汗淋漓。回到单身宿舍，把尚在背包中装回的向县委申报材料副本取出细看，我坚信在“四清”中按民意申正义，据事实辨黑白是维护党的威信，而不是反党的右倾翻案，更不是反革命的罪愆。兴想及此，便振衣理冠，拿着材料，求见了省里派驻的“文革”工作组的负责人。谢天谢地，这位负责人也是近年搞了两期“四清”的熟知农村情况、政策水平较高的领导者，他笑着对我说：“你们工作队的所作所为是职责范围内的事；办事程序与手续，是符合规定的；申报材料是有理有据的。局里的革命群众，不明真相，我们工作组负责解释清楚。你手头的申报材料，如果相信我，我将在方便的时机代转有关上级部门。”对此，我当然求之不得，感激不尽。后来事实证明，对立面一些过激者的喧嚣很快便口缄声消了。但申诉材料的下落与结果，我无暇也无能关切了。

此番的大咎幸免，虽属侥幸，但对我的启示与我的感悟却是终生难忘受用不尽的。舞文舞得超级出色，固可誉之为“经国之大业，不朽之盛事”，但功力不济心术不正，既可致咎于他人，亦可获疚于自身，至甚者还可能对人对己造成政治性命灭顶之虞。前者的崇高境界，我侪今生无望企及，后者的立身处世感悟，当应铭记终生。

其实呢，我絮叨一通，从入大学的阵阵秋寒历练获取的一点人生感悟，不是早已由母校那“博学、审问、慎思、明辨”的八字校训明白点醒过吗？对此，我含笑答曰：只怪我们降世过晚，那年那月，我们目睹耳熟的众校一词的校训不是“团结、紧张、严肃、活泼”那八个大字吗?

二　濡沫忆故友

旧雨新诗发晋阳，欣然展卷散清香。
模山范水襟怀壮，咏古思乡韵味长。
伏案雕龙挥彩笔，凭轩吐凤谱华章。
中宵恍若燕园梦，海徽三英戏楚狂。

苍狗白衣天亦厌，镜花水月漫徒芳。
吾侪坎壈非缘业，挚友凋零苦寂寥。
温岭泉台何冷峭，东阳宰木自萧条。
蓬心但羡君行健，再缔他生淡水交。

上引七律二首，出自与我缔交整一个花甲的同窗挚友彭庆生的如椽手笔。

2015年初，拙著《舞文杂辑》出版四年后，遵循出版方的建议，将《杂辑》中的楹联与古诗这两部分提取出来，大幅度地充实近作、完善编排，并请海内外书家逐首（副）挥毫包装，以《鳞爪集》书名重新出版。付梓前，我将书稿寄给庆生，得陇望蜀地请其继《舞文杂辑》续为《鳞爪集》写一诗文相得的短序。上引之诗即其《感怀诗二首·聊序〈鳞爪集〉》之两首感怀诗。我称其为“椽笔”，并非同窗挚友妄言耸听、互为吹捧。其一，他是我们这代人中确具传承性的唐诗精研的举世公认的学者专家。他入学之初，即以令人瞩目的“楚狂”劲头，专攻戏剧，立志成为当代莎士比亚、关汉卿，以“青霄有路终须到，宇宙无闻誓不休”的座右铭自励，真个是废寝忘食地刻苦攻读。晚上集体宿舍熄灯后，钻进卫生间、洗澡间，在昏黄的灯光下，读书写作，直至深夜。于是，在“反右”的后期，便荣获“白专道路”典型的桂冠。其后，在“教育与劳动相结合”的时代方针驱使下，他又以十足的“楚狂”劲头，报名参加全系的劳动突击队，以超群的毅力与体力，奋勇当先地在全民“大跃进”运动中修水库、深翻地、修铁路等苦役中大干苦干，用一身汗水与泥巴，重塑自我，一跃而成为全校由“白专”而“红专”转化的典型，侧身为班级从事古典文学科研中的领军人物之一。

大学毕业后，又荣幸地被指派为林庚教授的私淑弟子。楚才的聪慧与刻苦、狂热与踏实相结合的治学精神，奠定了他后半辈子成为唐诗研究中一方承前启后的坚固基石。改革开放，春回大地之际，由他提携初到中央民族学院执教的同窗曲令启大哥，经我介绍与山西人民出版社的《编辑之友》主编张安塞接洽，历时六载，终将所编撰的一部近百万字的《诗词典故词典》以大开本精装形式煌然问世，继之，《唐代乐舞书画诗选》《唐诗精品》《初唐诗歌系年考》《陈子昂集校注》（三卷本精装）等大著便纷然出版。最值得一提的是，他作为全国古籍整理出版规划领导小组成员，在退休前后的近十余年里，衔命致力于《增订注释全唐诗》的繁重工作，因霍松林、陈贻焮等巨擘前贤的相继辞世，他作为该专题项目的常务副主编，与其等身的千万字书稿，均由他在抱病十载，日夜兼程中审定编排。

当我打电话请他为拙著《鳞爪集》作诗为序时，询及他的健康状况，他颇为乐观地告我：前些日子糖尿病并发症严重发作时，体重锐减至不足八十斤，两腿乏力竟致举步维艰，晴好之日，慢步在校园溜达一圈，还得

摄于1984年4月，海淀照像馆（前排左起：张仁健、张继顺，后排左起：曲令启、蔡根林、彭庆生）

一歇再歇，与当年在燕园为长跑健将的状况，已恍若隔世，判若两人。好在老妻“雌威”胁迫，白天努力进餐，黑夜不再灯下伏案，好生调理一番，如今体重已恢复到百斤出头，晚餐后尚可伏案至午夜前。这样的健康状况，倘能维持下去，全唐诗的增订注释新版，可望于有生之年面世。2015年4月中旬，他将《感怀诗二首·聊序〈鳞爪集〉》的电子版寄我时，附言叮嘱我，他之《陈子昂集校注》《初唐诗歌系年考》已分别于当年三月和前三年出版。望我抽暇来京一叙，并当力克手抖不能提笔之艰，见面时亲手题签将此两种力作赠我。我于2015年7月初料理好拙著出版事宜后，由长女陪同赴京，在他北京语言大学最高级的教授楼寓所盘桓一日，欢快而郑重地授受了他用“椽笔”题签的赠书，欢快地与其他三位在语言大学执教的北大同窗一起享用了庆生夫妇的宴请，欢快地抚今追昔畅叙同窗友情，欢快地一张接一张地拍照留念……

庆生多半辈执着精研唐诗，学养深厚，卓识超群。但他从不像我等熟读了《唐诗三百首》中一些脍炙人口的诗章，便附庸风雅作起律绝近体诗来。我与他是易六十寒暑的淡水深交，却绝少见他有古体诗作问世，更从未听到有唱和吟哦之声在同道者中流传。我请其以诗序诗，一来是为作序的创新，二来是凭我俩的情谊，“逼”他出手一展诗才。捧读他电传来的聊序《鳞爪集》的两首七律感怀诗，其声律之严谨、用典之贴切、韵味之绵长、情感之厚重，无不显现出他久积薄发之作古诗的超凡内力。吾生何幸，能在他辞世不久前得获他那“雕龙”“吐凤”的“华章”，且系传世无多的绝笔之作，其中所蕴含的浓情厚谊，怎能不令我感受到他以骨瘦如柴的颤抖手指在电脑键盘上敲击的千钧之力，难道这不远远超过了如椽巨笔的分量吗？

其二，庆生第一首诗的结句“中宵恍若燕园梦，海徼三英戏楚狂”。引领起他在第二首诗中对“温岭泉台”下的张继顺、“东阳宰木”中的蔡根林二位同窗故友不幸遭际、坎坷命运的伤逝情怀的悼念。来自浙江温岭石塘镇海滨的张继顺是诗才与学识兼善的双料英才；来自浙江东阳诗才早熟、诗人气质十足的蔡根林，入学不久，即以一首发表于校刊《红楼》上的长诗《东阳江》而名噪燕园内外，此二位真正的英才与来自湘西安化“唯楚有材”的求学治学“狂”劲十足的庆生，都是我这个来自长江东海之滨的稚气未脱、可塑性较大的“大傻瓜”（入学后荣获的雅号，大者，细高身材之谓也）所敬仰所追随的楷模，不经意中结为过从甚密的小团伙，且与班上某些年长政治上较成熟的同学发生过一些上不了台盘的口角。

孰料，“反右”中，蔡根林的成名佳作《东阳江》不明不白被判定为“反党反社会主义”的毒草之作，由此而划为“右派”另类，辍学离班接受“劳教”；继顺与我被划为右倾反党小集团的成员，接受批评，开除团籍；具有相对独特性的庆生因对专业有着狂悖追求而被定为“白专”典型。自此以降，庆生与二张我俩，除在完成学业、开展科研、参与运动，接受改造中仍保持正常往来外，对于根林虽时在念中，但直到“右派”摘帽彻底平反后，长期失联，不便更不敢互通音问。“文革”前期，我为逃避对立面派性组织的抓捕，曾两度进京潜入庆生所居的人民文学出版社的南小街一所小院的单身宿舍，庆生不弃不嫌，将一位同事劝出另居，让我堂而皇之安住在他的斗室中数日。听他说，继顺的妻子刘时燕激愤于继顺在“文革”中再度遭逢不公待遇曾贸然来京上访，替夫鸣冤，找他提供门路，经他苦口劝说，才罢诉回川。我的所历所闻，对其在逆境中关切天涯沦落至交的濡沫深情由衷感佩。好在“苍狗白衣天亦厌”的时势总算翻天覆地变革了，改革开放的春潮一涌动，我投时代所需之机，创办了《名作欣赏》，于1982年利用参加全国外国文学年会在成都召开的方便之门，到继顺家中造访，睽违二十载的一对难兄难弟，竟夕抵足畅叙阔别离情，携手瞻望东方曙光。临别时，我俩最为萦怀的是勉强完成了学业发落到内蒙古的根林的遭际，遂与庆生约定互通信息，相期在近年我们这个当年的小团伙中四条汉子能到北京小聚一番。

苍天垂怜，果然不负“坎壈非缘业”的“吾侪”的愿望乞求。大约是在1984年初春的某日，庆生兴冲冲打来长途电话告我这样一个特大喜讯：发落到内蒙古呼和浩特市在商业职工业余学校任教的根林，经多方奔走呼号，终于获准调回乡梓浙江省的师范学院中文系任教，他携妻、儿女五口之家南归时，决定独自留居庆生家与我和继顺以及在京的好友亲朋聚首数日。又告，继顺因参加一个诗歌研讨会已到北京，催我火速赴京。听此喜讯，我真像杜甫“漫卷诗书喜若狂”一般，操起两瓶汾酒，当晚冲进太原开往北京的一列慢车，翌日上午奔进庆生北京语言学院的教工宿舍，一见黑瘦风尘满面的根林，“执手相看泪眼，竟无语凝噎”！此后数日，白天，“三英”一“狂”，旧地重游，流连于燕园各处、海淀区的大街小巷、中关村的林间陌上，成府路的酒馆饭铺，轮流做东，小酌长叙；晚上并枕同卧在庆生家门厅内铺设的温馨的地上被褥中，濡沫漫话忆昔期来的絮语，直至鼾声起伏方喃喃而止。

清楚地记得，有一晚，大家恭维我在去年惊蛰夜同年级同学又是为人作嫁的同事李清洲不幸猝死后，为其料理后事，并发起向全年级同学为李攻读于北大的一女一子捐献助学金的所谓善举时，惊动了卧室中的嫂夫人马淑贞，心直口快的她，对我们郑重叮咛说："你们四位患难之交，将来万一有谁先走一步，其余几位都要像仁健那样，尽力将孤儿寡母的生计安顿好！"对她的嘱咐，我们都含笑应允。岂料，她的不祥预言，竟那样快捷地首先应验到继顺的身上。记得，那是我回并月余的一个风沙迷漫、昏天暗地的日子，突然接到庆生从成都发来的"继顺遽尔病逝，速来蓉告别遗容，并助后事料理"的电文。接此噩耗，犹如五雷击顶，四肢软瘫，冷汗淋漓，心脑浑然。强压悲痛，稍稍镇定后，即在妻子的扶持下，登上一架太原飞往成都的苏制伊尔型小飞机，一路颠簸，一路呕吐，迷迷糊糊，腾云驾雾似的飘入继顺家中。至今还清晰记得，跨进继顺家中的门槛，眼见一身穿黑衣、后背略弓、上身修长，绝似继顺年轻形象者，背对着宅门，在书桌前似在杂乱故纸堆中检索什么。我一下不由自主地产生了继顺起死还阳的幻觉，飞快走到他的面前，握住他的双手，睁大模糊泪眼，仔细一看，他不是还阳的继顺，却是由继顺的坯模活脱脱拓出来的继顺唯一子嗣张越舟。他伏案翻拣的正是他父亲诗文作品的手稿。触景生情，见子悼亡，我和庆生帮助料理逝者后事的重点义务便确立为两项：一是妥善安排张越舟的出路；二是争取将继顺已零星发表和未发表的诗歌、曲艺（为其妻演唱的“清音”曲艺作品，其中的《琵琶的传说》已收入出版的《中国新文学大系·曲艺卷》中）整理出来集中刊发。

继顺在世时，越舟就读于成都某高中，因学习欠刻苦成绩欠佳，为通过比肩接踵的狭窄独木挤进大学生行列计，不得已转读于母亲家乡的某所封闭性灌输式的县立高中，花了较高的学费，却束缚了他自主追求攻读戏剧的志趣与爱好，引发了逆反心理，正课学业成绩越发下滑，次年高考录取无望已成定局。我和庆生征得他母亲、本人与其父所在的省戏研室领导的同意，当机立断，在一两天内，给他紧急办妥了高中退学与顶替其父编制招入省戏研室任资料员的两大手续。这样的举措，既缓解了越舟高考的时间与经济偿付的窘迫，更鼓励了他不依赖母亲自食其力半工半读奋发精进的主动性。这小子，果然不负母亲和我们二位“世伯”的厚望，约在两年后，一举考进上海戏剧学院戏剧文学系，毕业后分配回省城的一所艺术院校任教，不久，娶妻生子，立业成家。

至于为继顺遗作结集刊发的任务，我当仁不让承担下来。1986年5月，约在继顺逝世一周年之际，我先去浙江金华邀约在师院教书谋生的蔡根林兄。

一同赴台州地区所属的温岭石塘，由继顺亲属营建的一所凿山成穴面向大海的墓茔，哭拜悼怀后，在返程中将整理好精选的近二十首（篇）新诗曲艺遗作交由台州文艺刊物《括苍》在当月刊发，同时刊发的还有我执笔代表庆生、根林二位，题为《一滴柔韧的水，一朵沉重的云》序文与悼文兼而有之的小文。

继顺正待大展宏图，遽尔英年早逝，那种挥之难去的阴影，不时笼罩于庆生和我的心头。触类旁通，我俩对挚友的忧患意识便不谋而合地萌生于根林之身。何以故？根林与生俱来的悲天悯人、多愁善感的诗人气质，对人生逆境的承受能力，远不如“楚狂”庆生之刚强，“海鬼”继顺之柔韧，也不如“傻瓜”我之顽童乐天。本来，在阴霾一扫，朗日重光新局重现的新时期，调回浙省，在现代文苑名家丛集之乡的高校从事现代文学的教学研究与现代诗歌的写作，应当说是“涸鲋”洄游江湖的大好契机吧！殊不知，“反右”中，因《东阳江》一诗的无端罹祸的当头一击，对他脆弱神经所致难以愈合的创伤，使其再难放情高歌；“反右”后劳教两年的特殊经历，使其半荒疏的学业勉为混成，便浑然愕然地步入半封闭的大漠边疆，多年在非正规的职业中学教书谋生，如此长期沉沦，精神已处半崩溃半自闭的状态；进入浙江师院，因不适应复杂的社会人际关系，无论教学与评职称均碰碰磕磕难获公正待遇。我与他借编事的多次直接交往中以及庆生我俩与其不时电话问候中，越来越觉得他的寡言少语竟至沉默失语。无奈之下，庆生与我们约定于2016年8月同赴浙江海宁参加第五届金庸学术研讨会后，同往浙师大看望他。在他家中与其妻、长子、次女总算欢愉地盘桓两三天。闲聊中，说起在新旧世纪之交，他的《东阳江》长诗，由北大谢冕教授选入《百年中国文学经典》；其后，又在我主编的《名作欣赏》杂志上，由谢冕、刘肇明等著名诗人、学者撰文对此诗做了定评赏析，根林黑瘦的脸上，方情不自禁地露出了难得一见的欣慰笑容，那意味深长的笑容仿佛昭告世人："天道自在人心！"

我们与根林执手相别时，他接受我们的劝告，好生调养病情，争取尽快将成名作《东阳江》和近几十年所作而压在箧中未轻易示人的《根》《活化石》之类的诗作整理出版，作为他《生命存在过的象征》（《东阳江——蔡根林诗选》后记）。

果然，在2009年8月，根林终将其存世的四十二首诗作冠以成名作诗题《东阳江》结集出版，而当这本册页虽薄而“生命存在”价值厚重的诗集置于我的案头时，他那饱经人生风霜的脆弱生命却已逝离人世。扉页上的题签还是由其贤内助洪淑芳老师代劳的。

庆生在为我《鳞爪集》作序题诗的第二首中说：“吾侪坎壈非缘生，挚友凋零苦寂寥。”但是此诗的结句“蓬心但羡君行健，再缔他生淡水交”，却令我起疑，难道这是他先我而去，泉下追随继顺、根林的预感谶语吗?！怕料而果然料中的不祥预感，偏偏那样不可逆转地迅捷而准确地料中应验了。2015年10月拙著《鳞爪集》出版，我最先将题签的赠书托人递送给庆生与在京的同窗，旋即匆匆南返上海、无锡、南京、南通等地给同窗、文友及相关书道家亲送赠书，岁末返并，喘息未定，便接李延祐同学电告，庆生最近因糖尿病并发症急剧恶化，去医院检查，确诊为患晚期胰腺癌，不能动手术，只能在家接受中医的保守治疗，目前看来似乎病情平稳，痛感不强。春节期间不便去京做无助而添乱的探视，只得寄去灵芝孢子粉之类的抗癌中成药，在家默祷祈求上苍保佑出现延续生命的奇迹。待到春暖季节，在不时与其通话中听到他的精气神似有日渐复原之趋势，遂于四月下旬带着冬虫夏草之类救命“神药”飞往北京探视。他果然能在妻儿的搀扶下步行到校园中的餐馆与我共进了午餐。他的“回光返照”骗得我的不算奢望的萌生：盼他的生命残烛能燃烧到当年的10月我们入学六十载的聚会之后。然而，残酷的命运之神却毫不容情地于当年5月9日当我远去合肥在次女家居留之时，伸出魔爪一举扇灭了他那萤火般的微弱生命之光。其时，我自度同是风烛残年的老迈之躯，已不克承受急切赴京吊唁的沉痛气氛与心情，只得将事先打好腹稿的一副挽联传给延祜兄请他代书挂在灵堂，我在千里以外，遥祭哭挽。这副挽联，上联是“结友整六秩相濡以沫吾侪坎壈非缘业”，下联是“期待近八旬重聚来克他生再缔未名交”，横批是“庆生永在”。

此联上联结尾完整引用庆生为我所写的诗句；下联结尾将庆生诗句“再缔他生淡水交”改动为“他生再缔未名交”，未名者，燕园未名湖之谓也。燕园的未名湖畔，是我们此生始结友缘之地，此生未了之情缘，相期来生仍在燕园续结。我们几个终生不渝未了的相濡以沫的难得情谊，也是这篇拙作立意结穴之所在。泉下的三位故友，读了这篇忆昔悼亡之作，倘蒙首肯认可，则是我三生之大幸也。

三　不惑创名刊

1978年底，中共中央召开划时代意义的第十一届三中全会。扭转乾坤的邓小平高举改革开放的伟大旗帜，率领劫难重生的伟大中国人民再次迈上新时期的新长征之路。

当其时也，有幸与新中国同属一个生肖但痴长一轮的我，伴随着新中国曲折坎坷的步履，呼吸与共、命运相关地走过了近三十年的火热而不无蹉跎的岁月。尤其是经历了那十年“文革”浩劫，回首既往，屈指数年，不由惊心动魄地发现，我的人生之旅，已跨进了孔圣所指不惑之年的门槛了。

所谓不惑，当是锁定目标，拿定主意，解放思想，放开手脚，不畏缩，不迟疑，为国为民也为己干一番愿干而能干好的事业。幸好，那是一个百废待兴，只要有志有能，实事求是，事可竟成的时代。我在不惑之年干不惑之事的美梦果然成真了。那就是：传承名作精粹，引领时代风尚的《名作欣赏》杂志，由我动议创办应时应运诞生了！

1980年金秋十月，惠风和畅，丹桂飘香。一份厚重的大型文学杂志，在其封面的居中，以遒劲的老宋方笔"名作欣赏"四字组成方正阳文大印赫然标示刊名，引人注目地拂浴着新时代的曙光，在娘子关内的黄土高原上破土而出。

1981年11月5日，《名作欣赏》诞生一周年后，在北京新侨饭店，约请首都文艺界、文化界的六十多位领导、学者名流和中青年专家举行座谈，请他们慧眼辨良莠，妙手洒雨露，促使《名作欣赏》这株新苗能以更茁壮的新姿，更旺盛的生命力成长于文苑刊林。两位文化部副部长先后抽身与会，国家出版局代局长陈翰伯扶病与会，并率先热情诚挚发言说："我是《名作欣赏》的忠实读者，每期我都仔细阅读，刊物确有自己的特色。刊物在进行美育、智育的同时，可以担负起潜移默化的思想教育的任务。"中国第一部现代文学史著者王瑶教授说，浏览《名作欣赏》如同走进王府井大街工艺美术商店，给人以高雅的美感享受；老翻译家、老作家、老文学评论家李健吾形象化地赞誉说：“黄土高原的山西，枣树繁茂，我爱枣花甚于桂花，枣花不仅清芬沁人，且能结出养人的佳果，《名作欣赏》就如香而有实的枣花。”会上共有十七位与会者热情发言，对刊物的办刊方向，路子，刊物的特色，格调，给予了充分的肯定。一致认为，该刊办得适时，必要。经过十年动乱，努力办好这样的刊物，给读者提供最佳的精神食粮，帮助他们陶冶情志，提高艺术欣赏水平和审美能力，抵制低劣作品的传播是十分必要的，是一项不可或缺的文学基本建设工作。

我作为《名作欣赏》的创办动议者，后来又由社办丛刊的责编转为正规期刊的主编、社长，对于承办的这个期刊一经问世便引起如此巨大的轰动效应，而且一枝独秀，引领着20世纪八九十年代文艺鉴赏、艺术审美热潮的勃兴，确实有点始料未及。

如今回顾，实话实说，《名作欣赏》的呱呱坠地，似乎并未感受到十月怀胎的艰辛、一朝分娩的阵痛。

2010年，我的北大中文系同窗、终身挚友彭庆生教授为拙著《舞文杂辑》挥毫作序开笔伊始即纵情回顾三十年前《名作欣赏》初创时的旧事。他说：“我翻开了

《名作欣赏》最初的三期，那作者队伍中，有一批闻名遐迩的作家、学者和艺术家。如萧军、施蛰存、李健吾、程千帆、王瑶、沈祖棻（遗作）、陈瘦竹、蒋和森、黄秋耘、吴奔星、吴小如、钱谷融、马茂元、刘逸生、周煦良、谢冕、陈逸飞、蔡若虹、柳鸣九、张英伦、吴熊和、丁景唐等，还有一些当时出道不久，后来成为名家的新秀，如袁良骏、张永鑫、吴功正、周溶泉、徐应佩、李如鸾、胡德培、金志仁、刘文忠、毛时安等。余亦何幸，得附骥尾。一份刚刚问世而又远在娘子关内的期刊，竟能聚集如此众多的文化精英，用一句时髦话说，可谓是豪华的‘黄金组合’。”

正因为当时的老、中、青几代文化精英情有独钟的深切眷顾，《名作欣赏》有如天赋不凡的宁馨儿，赢得世人的喜爱。其实该刊创办三十余年，始终不乏当代文化精英的关怀眷顾，他们源源提供精湛之作。个中缘由何在？从第一次北京座谈会上领导与精英们的发言中，我们清醒地认识到，刊物出手不凡，名噪中外，并非我们能量超群，炒作有方。成功缘由，用一句话说是时势使然，诠释一番，可归结为二：

其一，抓准先机，应时势所需，在“文化大革命”

所造成的人类先进文化、优秀精神文明被横扫、禁锢、焚毁的荒漠与废墟上，率先以文学艺术名作这一人类优秀文化遗产的重要组成部分的本来面目重新示于国人，率先恢复了文艺名作不可玷污不可抹杀的瑰宝价值与历史地位。

其二，不惑地认准文艺的内在客观规律，确认必须用审美眼光把文艺作品作为产生于作家头脑中的一种特殊的社会意识形态来审察，而不是做钦定的某种社会意识形态的传声筒、照相机来肢解剖析。勇于顺应品评文艺作品的审美法则，率先摒弃“政治第一，艺术第二”的割裂提纯式的文艺批评的“左倾”教条，旗帜鲜明地高标人性人文关怀的真、善、美的美学原理，提倡对文艺的名作做有血有肉、主客一体、情理交融、欣然有得的审美观照、艺术赏析。

实践证明，这样一来，就使在“文革”风暴中手捧“红宝书”、目染“样板戏”的一代知识青年耳目一新，惊喜不已地领略到人类数千年来凝聚美学理想，在并不完美的现实土壤上精心构筑起的真善美和谐交融的精神家园，从而如饥似渴地于这本刊物中吮吸着精神的乳液，提升艺术审美的能力与艺术创造的能力；这样一来，使一大批学养丰赡早就长于此道而长期无用武之地的老专家与新秀们倍感振奋，他们不约而同地倾心支持这本刊物，将他们压在箱底或蕴于心田的精粹之作倾囊相授。于是，造就了《名作欣赏》问世以来，连续而不断档的名家新秀荟萃的“豪华黄金组合”的作者阵容。

天时（时势提供的机遇）、地利（山西与首善之区相距不算遥远）、人和（给力的作者，买账的读者，努力的编者）客观与主观三合一的力量，创造了《名作欣赏》多年一枝独秀，独领艺术审美鉴赏一代风骚的局面。

说起精英作者眷顾《名作欣赏》，给予该刊支持力至大至广至久者，似乎我的母校北京大学当属于首屈一指之列。我的业师王瑶先生、吴组缃先生、吴小如先生，未受业而承教的袁行霈先生、褚斌杰先生、陈贻焮先生、谢冕先生，先我毕业的孙绍振学长、孙玉石学长、张厚余学长以及柳鸣九、张英伦、朱虹等原西语系学长，均系时赐“名”刊以名作的中西文坛的名宿名流。至于与我同科同窗的张永鑫、彭庆生、袁良骏、朱彤、徐朴、王叔珩、刘烈茂、齐裕焜、邵璧华、李延祜、王育生、周宏兴、周倜、黄候兴、薛宝琨等，不仅对我的求稿求助有求必应。而且，对我这个一身风尘、贸然来访的不速之客，总是亲如家人般的热情接待，并大力推荐刊物，拓展读者层面。凡此种种，令我情难自已地向好奇文友戏言自炫道：别看我编的这个刊物是在贫瘠的山西黄土高原上破土发芽，但它的根系却紧连最高学府北大，借用五粮液集团为推出“五粮春”的一句广告语：“她系出名门！”

《名作欣赏》本属全国较早的社办期刊之一。创刊时隶属于山西人民出版社，1984年后隶属于北岳文艺出版社。书刊相兼的体制，理应体现出书刊互补互促的优势。也就是说，在该刊最为鼎盛的前十五年间，其精华读本就应分门别类适时问世。深以为憾的是，由于当时办刊人手较少，在勉力从事刊物的编校印发之余，还得编发社内交办的一些图书，实在无暇无力他顾。蹉跎到2002年，我这已延聘四年的主编，完全返居林下后，变刊为书，书刊互补的美梦，只能是一枕黄粱，无限遗憾了。

谁曾想到2010年，我年逾古稀之际，应邀参加《名作欣赏》创刊三十周年的庆典，说出了这宗久积于心的未了憾事，已归山西出版集团报刊中心的《名作欣赏》

期刊社的社长赵学文先生和执行主编续小强先生却在会后极为上心地组织了《名作欣赏》三十年精华读本的精干编选班子，精心谋划，精细选编，历时近两载，从办刊三十多年，出刊三百余期，近两万篇赏析文中，选编出三百万字容量的精粹文章，以时代为经，文学体裁为纬，中外有别，各有侧重的分类法，分为十二个篇幅字数大体相等的分册一次性推出面世。令我尤为惊喜的是：此套精华读本的出版方，既不是山西人民出版社，也不是北岳文艺出版社，而是出版学术著作声名显赫的北京大学出版社。

于是，我在为这套书作总序时，对我的母校北京大学说出了这样一段感恩的肺腑之言："北京大学，在20世纪50年代接纳了我这个不才学子，成为我的母校，并于20世纪80年代，以包容兼爱的胸怀深情眷顾《名作欣赏》，助刊物健劲成长。而今，又机缘投合地成为'《名作欣赏》精华读本'的最佳出版方。北京大学与《名作欣赏》数十年的深厚情缘，既在往昔助我办刊，又在今朝遂我出书宿愿，怎不令我感奋良深！"

四　迟暮招诗魂

或许是因爱作对联，惯用对仗句式，本人的回忆文，按照分段连缀，各标篇名的整体要求，不太经意地拟定了四个五言对仗型的篇目标题，即：舞文话疚咎、濡沫忆故友、不惑创名刊、迟暮招诗魂。写罢前三，自觉题文虽不严丝合缝，尚可榫卯粗合。但第四篇临纸下笔时不免踌躇了。古人云："诗无达诂"，本人的篇题，够不上是诗句，但有可能产生歧义性的二诂，第一诂是："一辈子写诗，晚年终于招来掌控了诗的精魂，成就了当诗人的夙愿，真可谓大器晚成也！"第二诂（即本意自白）："虽然早有写诗的冲动、当诗人的梦想，但因无才、无能、无缘在年近古稀前深涉诗海，只在近年老夫犹发少年狂学步吟诗作对，招惹诗魂，怡情遣性，不致老无所为，过早痴呆，坐待死神也！"这第二诂，乃鄙人实事实情，实话实说。谓余不信，有诗为证："年少不知天高远，笔名弃石怨女娲。无才补天坠荒埂，有笔着地好涂鸦。遵命舞文云过眼，为人作嫁锦添花。望八吟哦犹未已，破寂投网觅方家。"这首拙诗，落款署童真老叟并标明时年75.8周岁。题为“舞文投网自白”。诗的前四句是说少年气盛无知，妄想恃才补天，舞文建功立业，孰料天本无缺需补，已亦非冲天而起的五彩炼石，只能成为一块不起眼的弃石，漏过天网，在荒埂贫瘠的大地上，靠一支秃笔舞文耕作谋生。“遵命舞文云过眼，为人作嫁锦添花”一联，实事求是地将在山西文化界舞文以“文革”前后为界分为被动为主与主动为主的两个阶段。“文革”中期，径由“中办学习班”下放至中条深山十余户的小山村落户务农两年，秃笔失落，锄头在握，一日三餐，全村轮派，刨黄土、住土屋，睡土炕，心无旁骛，倒也逍遥。1972年春，犹如惊蛰毛虫，衔命重返省城，秃笔刮垢，参与编写《昔阳建成大寨县》一书，奋笔四载，不顾艰辛委屈，终在粉碎“四人帮”前夕，勉力遵命完稿，交由中央与晋省的两级人民出版社同时付梓问世。但此遵命舞文之“劳作”真如过眼之白云变幻、苍狗随世事之剧变，烟没无痕。所幸汗水研墨，终于换取了在出版界“为人作嫁锦添花”而舞文的一纸资格证书。此后，我的舞文生涯终究在《名作欣赏》这方安身立命的沃土上多半自主地顺当地度过了二十余载的晚年时光。

所谓“为人作嫁锦添花”，在我的心目中，不仅仅指编书编刊，不遗余力为他人之作润色包装的女红式的劳作，而且，包括了我步入社会涉足文坛所写的公开发表过的有关戏曲表演艺术、文学评论、名作赏析、文友书序等方面的专著、论文、文章等。一句话，凡我为他人的文艺劳作做审美观照之作，均属为他人作嫁衣或在锦绣嫁衣上添花之作。凡以意象思维方式将自我的主体世界与大千的万象世界融会起来做审美的观照，做真、善、美的艺术表述，这才是个人可追求的自制嫁衣、自创作品。此类作品，多有佳作问世传世，方可称作者为作家。

也许是受父母基因的无形遗传，或从小受家庭、社会文化氛围的熏陶，我自初中二年级始即有了写抒情诗文的冲动与尝试。父亲因我考初中时的命题作文《夏天的扇子》能结合解放前后的社会时势与民心感受写得洋洋洒洒颇有诗意而赞赏有加后，一反严父的常态，促膝拊掌告我：他在“五四运动”高潮期，就读于如皋高等师范学校，受北大返乡学子魏建功先生等人的影响。作为本县的唯一中学生参加了魏先生等组织的“平民社”，在其社刊《平民声》上发表了几篇鼓吹五四精神和新文化运动的白话诗、白话文。“五四运动”低潮期，父亲被军阀政权开除了学籍，魏先生资助并亲手做了封面为父亲出版了一本题为《无酒的酒杯》的诗集；我的母亲李文芝晚我父亲一两年就读于如皋女子师范，生我半岁，即因寒冬夜逃日寇入侵之劫难，受了风寒与惊悸，染病不治辞世。父亲告我，他与母亲结褵，也可说是以诗为媒。当年，演绎《古诗为焦仲卿妻作》（即《孔雀东南飞》）的“文明戏”风靡一时。父亲所在的如皋高师演出《孔雀东南飞》，由父亲反串刘兰芝，演出颇为轰动。母亲所在之女师排演此剧即由母亲饰演刘兰芝一角。父亲被请来辅导母亲。父亲发现母亲对其饰演之刘兰芝似过于投入，演到其兄逼其改嫁时总是失声大哭，难以为继。询问之下方知，母亲出生于如皋城的一户书香门第，父亲为晚清举人，薄有资产，逝世后由独子支撑寒门。但他不善生计，穷困潦倒，便一味强逼才貌俱全的母亲嫁给县里的一位要员为继室。母亲对我父亲一见倾心，在他被校方开除，离开如皋，到南通谋生时，孤身私奔南通，父亲虽不愿过早成家，但为母亲逃脱封建婚姻的罗网，便毅然接受了她的爱情。为宣告自由恋爱自主婚姻的合情合法，也为移风易俗，我父母专门在家乡唱大戏、做庙会的城隍庙的大戏台上首次举办了万人空巷观礼的新式结婚典礼，成为至今尚有翰墨与口传的一席佳话……

听了父亲津津乐道的青春时期的回顾，翻阅了家中书柜中存留的陈旧现代书刊，尤其是一知半解地读了母亲两本恭楷书写的文言作文与两本恭楷书写的数十首唐诗与千家诗，我的尚未开垦耕耘的心田中便悄然萌发起写诗当诗人的稚气而又难抑的冲动。记得读初三的那一年半载，我隔三岔五任初开的情窦自然宣泄，以一位同班相处甚为愉悦的女同学为暗恋的对象，写了若干情诗与之暗通情愫。这算是我学写新诗的青春发轫吧！在江苏省南通中学读高中时，奋发求学，再无初中时的稚气浪漫之举。只因作文一贯不差，仍遵师命在重大节日，曾有幸与当今的著名画家范曾同学，文编美编合璧办过几期大型壁报，壁报上也曾登过我所写的颂党、颂国、颂新风之类的两三首新诗拙作，准确的记忆早已模糊，只记得我高中毕业前夕，获准入团，办班上和校内的壁报是我思想进步的重量级砝码。

1956年，我考入北大中文系，所怀的最美好的梦想便是将来能当上闻一多、徐志摩、林庚老师那样的既能写又能讲的学者型的现代诗人。凭我当时幼稚朦胧的想法，大学中文系的高头讲章是培育不出长于虚构编造、善于叙述故事、精于情节描摹的小说、戏剧大家的，因为小说戏剧作者的根基在社会、在生活、在尘世而不在高等学府的高头讲章里；而诗人，尤其是泱泱中华诗国的诗人，想从《诗经》、《楚辞》、汉赋、乐府、唐诗、宋词、元曲等三千年传承发展滚滚而下的诗歌海洋中峥嵘现身，你不在"太学堂"中扎几年猛子，经一番洗礼，先知后行，何能言诗作诗？机缘巧合的是，入学之初，少怀诗才的蔡根林、张继顺以及对中国古典诗歌浸淫较深的彭庆生、英语基础较好对外国文学包括外国诗歌兴趣较浓的徐朴、张永鑫几位来自南国的应届高中生偏偏与我同班同窗，又同住十斋的一幢集体宿舍中，相处不久，便自然而然地气味相投，过从甚密起来。尤其是在中学期间已发表过多首现代诗作，一入北大而在校刊《红楼》上刊发一首艾青风格的长诗《东阳江》而名噪燕园内外的根林兄，更成为我心目中的偶像。我十分憧憬他的诗才和似乎与生俱来的那种悲天悯人、多愁善感、寡语内向、吐属惊座的诗人气质，作为"粉丝"与之结为挚友。大一那年，课余潜心研读的多半为现当代的新诗名作，偶有诗魂缠身，便暗中将所写的诗作，录存于一册高中毕业时学友相互题言惜别的精装笔记本上，自惭形秽，不敢轻易示人，更无勇气投寄报刊。不幸的是，1957年下半年开展的反右运动，却莫名其妙地将根林所发的抒写桑梓沧桑之感与乡愁情怀的与政治了无关碍的《东阳江》列为反党反社会主义的大毒草，大加挞伐，不仅他被打成“右派”停学劳教两年，我与张继顺、张永鑫几个根林的追随者，亦被列入班内右倾反党小集团成员先后被开除团籍。自此，噤若寒蝉的我，除情郁于心，不吐不快之时，偶伏上铺床上，在笔记本上偷写了几首类似《题一方珍藏之来信邮票》（见拙著《鳞爪集》，北岳文艺出版社2015年，第186页）的忆旧、思乡、怀亲之作外，岂敢妄握笔杆，染指诗国，恣肆高唱。但就是这样一本尘封箱底、录存自个儿青春逆境一己情怀的诗作笔记本，“文革”中还被杀进单位的由环卫工人组成的山西工人决死纵队十六团的造反好汉们破门入室，连同所有的书籍、文稿一股脑儿被得心应手地扫进历史的垃圾堆中，再无踪影。1985年，我与根林兄同到浙江温岭石塘镇凭吊英年早逝的亡友张继顺那依山面海的墓茔时，在海滩漫步、山崖凝望，海浪心潮，交相撞击，迸发出诗的火花，即兴写出《海隅杂拾》三首现代诗。当时只想把心中忽然冲动喷发出的褒山贬水的情怀真实地不加任何修饰地记录下来，返并后，便将手稿一字不易地封存于书柜的箧中。直至2015年底，搜罗零星诗文杂碎出版时，加上已谱过咏叹调默唱多年记忆犹新的那首《题一方珍藏之来信邮票》的诗，共四首现代诗作为我学步写新诗的近半个世纪的雪泥鸿爪捡拾入集，觍颜面世。

在新时期，我对风靡诗坛的现代派诗歌，因艰于解读，便难以效法，而五四以来白话现代诗的传统诗歌似又日趋式微。红色歌曲、影视歌曲、流行歌曲的经典之作，在宣教性的文化部门与媒体的着实推介下，尚能在读者群体中俘获部分粉丝，但纯阅读欣赏吟诵性的诗作精品出版物与重量级的大诗人却几乎如凤毛麟角难得现身于诗歌殿堂。而由毛泽东领唱，唱响唱红于海内外的中国古体诗词却在几位老革命家和现当代古典文化素养较深厚的文人中时有不绝于耳的动情感人的吟哦；教改愈深化，从小学到高中的语文课本与课外读物中，古诗词的比重越来越大；央视举办的诗词大会，越演越精彩，越来越吸引大众的眼球。这些不争的事实，使我相信，中国古典诗歌的生命力、感染力并没有断绝；中国古典诗歌所开创、并渗透于整个中国文艺的独领风骚的美学原理、审美法则、价值追求乃至艺术技法不仅传承数千年，而且尚有发扬光大的可能。一句话，中国古典诗歌的精魂，亦即是中国艺文的核心魂魄，是不可数典忘祖轻易丢弃的。窃以为：有志于中华诗歌振兴崛起者，必当在学步吟诗的过程中逐步认知并掌握中国特色诗歌的精气魂魄。

我于20世纪80年代后期，因工作关系，数次参加了唐代文学研究会的研讨活动，深受与会的鸿儒泰斗们知行合一式的鉴赏吟咏古诗词的卓绝功夫的感染，便中止了不成气候的现代诗的写作，索性一头钻到老祖宗的诗歌情怀中，附庸风雅，步趋古体，偶抒情兴。但因古文字声韵学的基本功底较薄，虽独钟近体律、绝，但对声调格律的法度规范难以熟练把握，自如运用，常为表意与协律的矛盾不能两全其美而纠结苦恼，调谐一字之平仄，吟安一句之声律，常常搞得中宵无眠，坐卧不安，待到兴味索然时，翰墨安能肆意挥。我自《舞文杂辑》出版后，筹划《鳞爪集》诗联专著问世前的这段岁月中，为大幅度充实诗联旧作时，便自我放宽了诗联的琐细而不合当今时宜的格律严限，以追求意境、情韵、风骨的中国诗魂，易懂、易诵、易记的传播效益为指归，能顺意合律，则表意协律双赢，绝不因律妨意，舍本逐末。因时代生活的古今剧变，我从学步吟诗的实践中体悟到：今人写古诗既要继承又需求新，不可泥古不化，古奥自鸣。近年来，有幸拜读了聂绀弩老前辈所写几大本旧体诗，有幸拜读了我的乡贤词家诗翁顾浩先生自创“八韵体”的亦诗亦词，长短句规律组合的新体式的力作，从而我理性化认识到：循中国古典诗歌的基本框架或由其衍生改进出的新框架，将常态化的现实生活意境化、情韵化乃至哲理化地镕铸其中，并以鲜活的中等文化层面的大众喜闻的诗歌语言表达出来，这就堪称今人学古诗词的尚品了。

与此相反，五四新兴的白话现代诗，基本上是西方非格律式的分行韵文体式的搬用，是对中国古典诗词，尤其是对近体律绝苛严格律的彻底颠覆。其无规少矩、自由任性的口语化的表抒，不易上口朗读，艰于复诵记忆，离较高层文化水平受众的传统审美习惯与需求有较大差距，只有像同时接受中国古诗传统熏陶很深的闻一多、徐志摩、郭沫若、郁达夫、林庚、吴奔星等学者型的新诗大家所写的一些具有旧体韵味格调的现代诗作才能在中华诗国的圣殿上占有一席之地。兴想及此，我不由期待中国现代诗人的现代诗作，不妨适当向古诗靠拢，适度用古诗格律的通常规范约束一下过于散漫的手足，吸纳融汇一些国色天香的中国元素；而古诗今作不妨从过紧束缚的格律“镣铐”中适度解放一下，以便手足轻灵洒脱地舞将起来。如此这般，当今的新、旧诗之作，或许能走出象牙之塔，置身于大众化的读者群体之中，三千年的泱泱中华诗国，也许能从当今的式微，走向未来的再度崛起。我的这个“迟暮招诗魂”的不思量自难忘的痴心迷梦，正是我赘写此文与现存同窗暨海内文友诗国贤哲絮叨切磋一番的一大夙愿。

仁健兄名如其人，名至而实归，真是仁之健者也！

凡接触、相交过的人，有共同而深刻的印象：

他是位淡定知足，宽厚仁慈，

与人为善，德性纯白，不藏机心，

整天乐呵呵、蔼蔼然的忠厚君子。

言其纯白，是老庄语，有如赤子般的纯真无邪。

他的人缘深厚绵长，有一副菩萨心肠。

* * *

北京大学中文系1956级四班毕业照(第二排左四为张仁健先生)

致仁健

/曹国臣

鲁迅说到作家：
“吃的是草，
挤出的却是奶。”
马雅可夫斯基
在伏尔加河畔对渔民说：
“你们打捞鲟鱼，
我打捞人。”
张仁健说：
“我想打捞诗，还有
那些草根文人喜爱的散文。”
唐韩文公说：
“先有伯乐，
而后有千里马；

千里马常有，

而伯乐不常有。”

作为一个朋友，

我说：

“仁健君岂非今日的一位伯乐？

你慧眼中的艺术千里马

正奔驰回旋于

浩瀚无垠的读书人的心原上。”

2019年5月于珞珈山庄

往事并未如烟

——忆张仁健学弟

/ 陈键

2019年春节期间，我正在埋头书写春联，没有料到，几乎同时接到北大中文系1956级几位老同学分别从北京、太原、福州等地发来的信息，异口同声地告诉我"张仁健同学逝世了"，我大吃一惊！就在不久之前，张仁健给我寄来一本《舞文杂辑》，尚未拜读。我立即从书架抽出，扉页上他亲手所写的"陈键学兄惠存雅正，弟张仁健敬赠，辛酉秋于京华"。怎么这才几天，他竟"驾鹤西游"了呢？再加上1956级的同窗中，比我要小八岁的唐天然、彭庆生等，也已相继逝世，我本准备写悼念文字，尚未落笔，你张仁健又赶上来做甚呢？缘此，我的心中不禁涌出唐代韩愈《祭十二郎文》中类似的忐忑情怀："呜呼！其信然邪？其梦邪？其传之非其真邪?”

张仁健，江苏南通市如东县人，1938年诞生于掘港。

1956年，他与我同时考取北京大学中文系，并均分在四班。我是“调干生”，已经二十六岁，当时已被推举为1956级的党支部书记。他把我看作“老大哥”，我俩还住在同一间宿舍，他自觉地睡到双架床的上铺，把下铺留给我住，他身材既高且瘦，睡在上铺爬上爬下，并不舒服。

1956年，毛泽东称之为“多事之秋”。

这年的上半年，苏联共产党召开了第二十次代表大会，主要内容是对斯大林个人崇拜问题的揭露和批判，首先站出来批判斯大林的是米高扬。紧接着，赫鲁晓夫突然召集与会代表中的苏共代表，做了四个半小时的秘密报告，其内容未向中共代表团通报。但是，美国的《纽约时报》却发表了全文，不仅引起了轰动，还在全世界掀起一次非常浩大的反苏反共的潮流。

到了6月，波兰民主共和国发生了“波兹南事件”。紧接着，在匈牙利首都布达佩斯爆发了二十万人参加的示威游行。亲法西斯分子占领国家电台，冲击劳动党党部和匈牙利政府，人民民主专政政府解体。暴动分子还大量烧死、绞死、活埋保安人员和共产党员，全国处于混乱状态。当时，作为北大中文系1956级党支部书记的我，高度关注着波兰和匈牙利混乱事态的发展，因为，在自己的四班，就有匈牙利留学生四人，他们支持国内的暴乱，欣喜若狂，在北大校园内散发传单，发表演讲，攻击社会主义的匈牙利政权。在这种情势之下，张仁健和唐天然、齐裕焜等人，都紧紧围绕在党支部的周围，和我一道勇敢、坚定地起来批驳匈牙利留学生的谬论，并制止他们在校内的放肆行动。

1957年5月19日，那天早晨，我进城去参观故宫博物院、游览北海公园。傍晚，回到北大校园中时，发现大饭厅墙上，贴了一张十分显眼的大字报，是一首新诗，题目是《是时候了!》，围观的人们很多。紧接着“一株毒草”大字报张贴了出来，充满着呛人的火药味。随之，各种政治见解的大字报都纷纷上墙，有的因为无墙面可贴了，就铺在地上，人们你推我攘，乱作一团。

中国人民大学一名女生林希翎，串联到了北大，她站到大饭厅中一张大方桌上，慷慨激昂地发表着煽动性的演讲，拥护她观点的人群大声喝彩。反对她观点的人群，也跳到她站立的大方桌上，和她面对面地争论。

仁健凭借他高大的身材，陪同我前去同林希翎辩论，张继顺、刘烈茂、施光亨亦赶来助阵。

批驳林希翎的人群越来越多，她被批驳得哑口无言，不得不在簇拥她的帮手掩护下，逃出北大南大门，狼狈返校。

仁健在北大中文系读书期间，就获得“大傻瓜”的戏称。他为人耿直，性格温和，对中国共产党和人民充满着情谊，全无锋芒毕露的气势。有人说“他当时被‘漏网右派’的华盖罩着”，那是不对的。当时，我是1956级的党支部书记，龚希光和何乐士分别任组织委员和宣传委员，都知此事。说他是华盖罩着的右派，完全是故意造谣，无中生有。

1958年冬天，北大中文系1956级的同学，下放到农村参加劳动，入住农家。劳动期间，四班有一个女同学韩蔼丽半夜哮喘发作，我怕有危险，就叫张继顺去镇上找医生，张仁健也闻讯赶来，不顾白天劳动的辛苦，要求和张继顺一同前去请医生。

到了1961年的7月，1956级的同学学业期满，毕业了。按照北大当年的规定，全部由校方分配工作。

我和唐天然、黄懋颐、洪希刚、翟世祯、贾锦福六人，分配到中共中央高级学校工作。

其时，张仁健被分配到山西省太原市的山西省文化局戏研室工作，后调入山西人民出版社。

到了出版社工作后，张仁健可以大展才华，舞文弄墨了：

1980年，他创办了《名作欣赏》，不辍笔耕，出版的专著有《咏史诗注析》。

1982年，张仁健被评为山西省劳动模范。

1987年，张仁健被评为编审。

2000年，荣获“全国百家出版工作者”称号。

彭庆生在《舞文杂辑》序中说道：“张仁健义无反顾地挑起创办《名作欣赏》重担，在文化的荒漠上首开文艺鉴赏之风，重访人类的精神家园，这见识和胆识，非吾侪所能望其项背者也。”邵璧华说：“‘当政治标准第一，艺术标准第二’经典理论仍然禁锢着人们的灵智时，《名作欣赏》的另一突破在于她不自囿于文学，而能兼顾绘画、书法、雕塑、镌刻，尽力使读者欣赏到古今中外多种多样的文艺名作，满足读者多方面的审美需求……”

1967年，张仁健在太原时，和山西省晋剧院女演员牛凤娥相恋，不久结婚组成家庭。她面容姣好，身材高挑，与仁健很般配。他们有一双出众的女儿：海燕、云燕，一个仁厚内敛，一个活泼外露；一个毕业于天津大学，一个毕业于上海外国语大学，足以为门楣增光。

仁健、凤娥一家，可谓具有中国传统色彩兼有现代风范的美满家庭。

仁健与李清洲同在山西人民出版社期间，李清洲因英年早逝，爱人是小学教师，收入低微，有二子一女，年龄都小，仁健发起出版社同事及老同学捐助孩子的教育基金，当时虽然大家收入都不高，但出于情谊全捐了一些，起到了一定的作用。李清洲的子女后来也上了北大，听说现在李清洲爱人已逝世，女子去了国外定居。同学中梁积荣、邵璧华、李延祜等同学的著作都由张仁健推荐在北岳文艺出版社出版。

2016年在我们入学六十周年之际，仁健提议编年级回忆录，得到了同学们的一致赞同。于是，他就往返北京太原两地，不辞辛苦，从约稿、编审、起书名到最终的封面设计，事无巨细，呕心沥血。可就在满载1956级同学们各自喜怒哀乐的《此事今生未名情》即将出版之际，他却突然溘逝，让人唏嘘不已。最后，回忆录于2019年上半年正式出版，并得到了大家的一致认可，终可告慰仁健的在天之灵了。

仁健一直就是这样，对同学和集体的事总是不辞辛劳，充满热情，任劳任怨。

仁健，我们永远怀念你！

2019年4月

书成待发君先去

——说给先行的仁健学兄

/李延祜

你我大学期间不是一个班，知道你这个人，大个儿，英俊，有才气，但却无缘交往。你办《名作欣赏》约稿，在新侨饭店举办作者联谊活动，后来又发表了我的《〈红楼梦〉欣赏琐拾》《看得见的声音——略谈〈老残游记〉“白妞说书”的艺术描写》《〈水浒传〉三桩女人命案之我见》等文章，接触开始频繁起来。我才真正领略了你的才华，文笔的恣肆流畅。你在离世的前几天在电话中还兴致勃勃告诉我，你病愈刚出院，正在写十二生肖系列诗歌。把这些动物的自然属性和赋予的社会属性寓意双关地结合起来，表现出他们的正能量。在电话中还给我读了两首，因电话有杂音未能听清楚。然而天不假年，几天后匆匆西去，完篇成残篇，终成遗恨！

你是《此时今生未名情》的设计师。你提议为纪念母校北大一百二十周年出版一本回忆录。同学们早有此心，恨无此力。你的提议说到同学心坎里。你为《此时今生未名情》耗尽心血。没有你，这本书就是同学们一个永远无法实现的梦想。你写出策划书、征稿启事，倾听同学的意见，一次次修改。你以年近八十之躯，不辞劳苦来京与编委共商编辑事宜，与同学面谈稿子的修改。

你是《此时今生未名情》的精心雕塑师。对每篇文章从谋篇到细节都全盘考虑，删削增补，圈圈画画。每改动一篇文章，就多次征求诸天寅和我的意见：作者能否接受，修改得是否合适，你登门拜访作者，或电话交换意见，力争作者理解，使文章臻于完美。

你是《此时今生未名情》这只小船的掌舵人，是一位有经验的老舵工，知道哪里有暗礁，哪里有旋涡。你考虑到出版社的苦衷，和出版社的同志一起迂回避险，顺利冲过了激流险滩，规避了一着不慎前功尽弃、触礁翻船的风险。

《此时今生未名情》表现了你对同窗的深情厚谊。历经政治风浪，同学之间留下了磕磕碰碰的伤疤。你从大局出发，要求《此时今生未名情》内容、文字间要体现出同学的情谊，有利于团结，尽量化解历史的恩怨。你对冤死的灵魂、下落不明的落难者、失联者，念念不忘。本着一个也不能少的精神，让大家大海捞针追踪他们的下落，尽量减少同学缺位的遗憾。

《此时今生未名情》是你生前日夜的牵挂。你时在太原，时在合肥，时在北京，不论你在哪里，电话联系不断。你说这是你编的最后一本书，尽量精益求精。记得为了文章如何分类，为了确定每类的标题，你煞费苦心。每辑标题既要简短又能准确概括文章内容。你多次与诸天寅和我通电话反复斟酌。

当《此时今生未名情》即将安全降生的时候，你却倒下了。一步之遥你没能把《此时今生未名情》揽入怀抱。书成待发君先去，生者扼腕恨终身。奈何！奈何!

上邪何寡情

/李延祜

噩耗初闻时，
晴天一霹雳。
何曾有征兆？
真假存疑虑。
通话并州后，[①]
泪下湿巾衣。
北大重花甲，
报我反哺恩。
凭君一倡议，[②]

---

① 仁健去世消息得自同学王绍新。惊愕之余，立即拨通太原电话，仁健长女啜泣相告，证实仁健兄已于昨日晨离去。

② 2016年仁健兄提议为纪念母校北大一百二十年校庆写一本回忆录，此言深得众心，后遂有《此时今生未名情》一书的出版。

同窗戚戚心。

携手众翁妪，

留下岁月痕。

画龙欲腾飞，

待君点睛笔。

上邪何寡情！

蒲轮招君去。

掩卷忆旧游，

月落乌夜啼。

2018年11月7日

仁健兄，你走了吗？

/李延祜

仁健兄，你走了吗？
你带着多少遗憾！
呕心沥血《此世今生未名情》，
问世只差这几天。
你却匆匆闭上双眼，
眷眷未了情，
撒手人寰！

仁健兄，你走了吗？
十二生肖的赞颂[①]，
还差几篇？

① 去世前几天通话中说他正在写十二生肖的诗，尚未完成。

生肖们翘首以待，

你却突然松开手，

稿纸飞散笔落地，

行行字字墨未干。

仁健兄，你走了吗？

你带着无法弥补的遗憾。

风华正茂遭浊浪，

文学幼苗被摧残。

起跑的枪声刚响起，

一步踏陷阱，

青春岁月一线悬[①]。

仁健兄，你走了吗？

你对得起这几十年的岁月，

没有遗憾。

你开垦的《名作欣赏》，

百花争艳开遍沃土，

百鸟婉转放声歌唱

---

① 1957年“反右”运动中曾无端遭受批判、处分。

《此世今生未名情》，
刻下了历史的刀痕，
留下秉笔直书的华章。
每个标点都有你的滴滴汗水，
行行文字都有你的血脉偾张。

仁健兄，你走了吗？
你潇洒的身影，
风风火火匆匆忙忙。
你热情的话语细流涓涓，
萦绕耳旁。
你这部永动机啊，
怎么戛然停摆？
怎么没了声响？

仁健兄，你走了吗？
可叹生命太无常！
昨天侃侃未来梦，
今日冰冷卧灵床。
我不相信怪力乱神啊，

然而你走了，

我却希望——

另一世界应该有天堂。

追忆张仁健同学

/梁积荣

近一两年来，1956级的同学，都在期盼回忆录《此世今生未名情》的问世。谁会想到此书面世的前夕，仁健同学竟猝然离世。

我还记得那天早晨，女儿神色凝重地赶来。当她告诉我这惊人的噩耗，我猛然愣在那儿。女儿说：“他走得突然，什么也来不及交代……”

缓过神来，我心想：仁健，你就这么走了！你就如此给亲人、给同学留下无尽的悲痛；凝结了你无数心血的回忆录也来不及看一眼……

旋即，各地的同学们也纷纷得到了这个令人唏嘘的消息。

仁健所在的北岳文艺出版社，也就是回忆录的出版单位，立即着手策划为他出纪念集。我和仁健同在三晋，同学一场，在此也说几句。

“大傻瓜”

我1958年转到中文系，之后又到了文四班，与仁健成了同学，共处三年。当年反右的风浪稍有平息，然而远非风平浪静。同学们之间如孔圣人说的“群居终日，言不及义”。因之，“雅号”丛生，如板鸭、狗熊、驴子等等，“大傻瓜”也是其中之一。

“反右”之后，紧跟着就是“反右倾”，正如回忆录中写的，风云迭起。记得当时同学们刚刚下课就是突如其来的动员大会。紧随其后的就是没有期限、不得请假、明天就开拔的“出征”，连给亲人们打招呼都来不及……

来到平谷，三十个男女同学住在一个农户家，一天两餐在大队吃饭。白天饿得肚子咕咕叫，还要坚持劳动；晚上是学习政治，向党交心。我至今记得那一夜一夜的“交心”场面。昏暗的房间里拥挤不堪、乌烟瘴气……经过几天交心，筛出了包括仁健在内的“八大金刚”。“大傻瓜”的绰号也就应运而生。

同窗情谊

1961年毕业，中文系分配并不乐观。同宿舍的七个人互不了解，糊里糊涂地被命运的洪流推向不同的地方。乔太守是谁，根本不得而知。天各一方，后来基本没有联系。来自文三班的李清洲来到太原，人生地不熟，更不知道命运如何。李清洲辗转到山西人民出版社后猝然离世。仁健召集我们几个参加追悼会，会后向我们募集救济金。这一善举由他发起，令我感动不已。

再后来，邵璧华的境遇不好，他也极度关注，尽力帮忙，回忆录《此世今生未名情》中多有介绍。记得为协助璧华调动，他出面多方活动……

我在上党地区工作。曾得到北大校友曲润海关照，仁健主动为我们牵线搭桥；我女儿大学毕业后投身山西出版行业，仁健作为省出版界的前辈、我的老同学，对我女儿也关照有加。

重情重义之举，不一而足。

仁健仁健，真是重情重仁之君子啊！古语：积善之家必有余庆。仁健在山西奋斗多年，在省城喜结连理，并获二女。好好的小康幸福之家，理应安度晚年，老天真是太不公了！

《名作欣赏》

仁健最后落脚在北岳文艺出版社。仁健是个有胆有识的人，在文艺“早春”的季节，他竟能创办一本《名作欣赏》。想当初我还为他捏一把汗。文艺的冰冻期寒意尚存，这样的杂志有如空谷足音。而《名作欣赏》在仁健的苦心经营之下逐步打开局面，在文艺界占据一席之地，在经济方面也为社里做了贡献。仁健惦记老同学，每期杂志必送我一本，我写的郁达夫《钓台的春昼》赏析也在《名作欣赏》刊登。

总观杂志的篇目，大部分是古典文学名篇、外国文学经典作品，以及少量的现当代精品。而撰稿者主要是名家，以及母校的师生，南方的老同学也为数不少。伴随杂志名声的攀高，仁健的声望也远扬省内外，这是他事业的顶峰。这本回忆录的诞生，无疑是《名作欣赏》的一个衍生物。

结束语

大学时代，我和仁健交往不多；同到三晋后，我在上党，他在太原，生活轨迹也无多交叉。借此机会，用文字串起碎片般的往事。虽是浮光掠影，但也不乏难忘的回忆。

《此世今生未名情》这本回忆录的问世，仁健是功德无量的。一本书，勾起存世同学无穷的回忆，用文字谱写了友谊地久天长的永恒旋律。

谢谢仁健，愿你在天国里安息吧！

知交零落，痛何如哉

——悼仁健兄

/ 邵壁华

2018年11月6日，惊闻噩耗：仁健走了！犹如炸响了一个霹雳！

他走得太突兀，太意外！走得令人惋惜，令人心碎！二十几天前，我们才通过电话，互讯平安。或许是心灵的感应吧，一周后，我居然也大病了一场。

我与仁健结交，已六十有三个年头：五年的同级同学，五十余年的挚友。在同年分来山西的北大1956级七位同学中，我与仁健走得最近，而且能互通声气，说说心里话的，就只算是我俩了。

凡事皆有因缘，我与仁健不仅所学专业相同，入学时他在四班，我在二班，又都是有别于调干的高中生，年龄较小，年齿且相近，他属牛，我属虎。他籍隶江苏南通，我是浙江临安。来到三晋，自然成了广义的江浙同乡，又增添了一层乡土情谊。而最主要的，还是声气尚能相通，我曾在一篇文中说过："我们是同一文化生存圈中人。"我是摘帽右派，他是反党右倾小集团分子、被开除团籍的漏网右派，虽较我幸运，却无本质差异。论他的才情，决不让留诸京华者，分来山西，明显有贬谪之意。他虽然获免戴帽，但这并没有改变组织对他的政治定性，仍有"漏网右派"的华盖罩着，也就逃不过贬谪的命运。"同是天涯沦落人"，就使我们渐次相近而相知了。由同学而朋友，这段情缘维系了五十余年！

我混迹教育界一生，直到七十一岁从教学指导委员会退岗，才真正退休，舌耕于讲坛四十七年；他一生活动在文化界，舞文弄笔，直到2001年还在为山西出版部门撰写《山西期刊史》；临走前，还在为我们北大中文系1956级同学的回忆录《此世今生未名情》做着主编，操心出力，可以说，终其一生，笔耕未辍。

我与他结交能长达半个世纪，既是对他的才情的欣赏，更是对他人品的赞佩。德为立身之本，而德以仁爱为魂，人无德则不立。诞生于世界轴心时代，凡创立了教派的文化哲人，所开出的拯世救溺的药方，孔子谓仁爱，释迦牟尼主慈悲，耶稣倡博爱，几乎是不约而同都以爱为南针，期盼着人类相互的爱。仁健兄名如其人，名至而实归，真是仁之健者也！凡接触、相交过的人，有共同而深刻的印象：他是位淡定知足，宽厚仁慈，与人为善，德性纯白，不藏机心，整天乐呵呵、蔼蔼然的忠厚君子。言其纯白，是老庄语，有如赤子般的纯真无邪。他的人缘深厚绵长，有一副菩萨心肠。

没齿难忘的是“文革”浩劫中的一次相遇，当时我在闻喜中学，作为在全县所谓清理阶级队伍的宽严大会上从严处理的典型，被第二次戴上了“右派分子”帽子，整天劳动改造，工资停了，只发生活费，当时我还要奉养浙江的年迈父母。其时仁健被下放在闻喜偏僻的石门山区劳动锻炼，同样在劫难中。1970年的秋深时节，一天我正拉着平车拾粪，不期邂逅于火车站。他看到我面目黝黑，衣衫褴褛，一副不堪的狼狈模样。在交谈中，他当即脱下涤卡外衣递到我手上。顿时，有一股浓浓的暖意流入寒冬般的心田。这就是仁健的为人！

在我1995年调来并州之前，每到太原，必径直造访仁健，食于斯，宿于斯，总得到他和凤娥的热情接待。因此，他们在太原搬迁过的几处居所我都住过。之所以愿意投奔仁健，我是一个拙于交际的人，到他家则没有心理压力，不担心自尊心受损，因为他和凤娥总是一片至诚，啥时候都热情相待。当然也是因为有共同的语言，可通款曲，获之较多的信息，有心灵满足的乐趣。他的大女儿也能感知："我爸与邵叔叔最谈得来！"自分来三晋，半个多世纪，一直蒙受仁健如兄长般的关照与提携，感铭于心，没齿难忘！也可能是爱屋及乌吧！我的学生杨静也有深切的感受。20世纪80年代初，杨静来太原上学、打拼，因我的荐举，得以结识仁健一家。当初他并不如意，无论事业、婚姻都迭遭挫折，碰壁连连，并无现今的圆满。仁健夫妇也一直予以真诚的关切与帮助。所以杨静总是发自肺腑地说："真是一家好人！"到后来，对仁健仍执弟子礼甚恭。逢6月20日的父亲节前后，往往会邀约几位曾在他人生道路上提携过，帮助过的长者，叙一叙，吃顿饭，以示感戴之情。仁健也总在受邀者之列。我理解杨静的心理，他来到人世，就失怙依，他渴望父爱，所以凡对他有过助益的长者都视作父辈。

中国传统文化中，人伦属核心价值观的部分，也是评品人物的标尺。而五伦之中，夫妇是人伦之始，关系着相互满足人生欲求和传宗接代的重任，因而有肌肤之亲；父子、兄弟两伦，有着天然的血缘情愫；君臣关乎着人的前途和命运，利害攸关。唯独朋友一伦，只是属社会关系范畴，而且是相互平等的，要处好实属不易。所以有“天下没有永远的朋友，也没有永远的敌人”之说。自古以来，也只把高山流水有知音的俞伯牙和钟子期、鲍叔牙与管仲的生死之交奉为典范；现代史上常以鲁迅书清人何瓦琴的“人生得一知己足矣，斯世当以同怀视之”敬题瞿秋白为美谈，可知在难以超越利害关系的人类能尽友道之难能。

同学关系，介于兄弟和朋友之间，本质上属友道，故有“同窗好友”之说。仁健对同学，有许多感人的佳话，我所知道的几桩，都是感人至深的。1985年春，同来山西，又与他同在出版系统的李清洲同学患脑出血突然谢世，留下了三个正在上学的儿女。仁健不仅筹措主持了丧仪，还向散居于全国各处的北大同学发起募捐，筹得一笔资金，帮助孩子们都完成了学业，终有所成。20世纪90年代，清洲的夫人离世，仁健又出面为其办了丧事。无独有偶，1996年五六月间，在成都的张继顺同学也英年离世，仁健与他在大学时代就是惺惺相惜的知交。接到噩耗，立即飞往成都，参与丧事的办理。事毕，又与单位交涉协商，使继顺的儿子得以顶职上班。后来孩子也成器，还考上了上海戏剧学院，也事业有成。由此可见，仁健是一个可以生死相托的高尚君子。外地的同学闻讯后，都十分感佩，并相互约定，今后万一发生类似的事情，孤儿寡母，生计困顿有难者，都应以仁健为榜样，援之以手，以纾艰困。

在上海从事翻译业的徐朴，他们是同班同学，在大学时也被打成右派，毕业后被遣于煤矿，下井劳改，役满后回到上海，没有正式工作，靠干苦力谋生。“文革”中又被诬为反革命分子而蹲过多年大牢，真是命运多舛、伤痕累累。仁健始终不忘同学的情谊，多次盛情相邀他与老伴同来三晋一游。2009年金秋终于成行，仁健提前从合肥赶回，一手安排食宿、用车、线路，作平遥、晋祠、五台等名胜之游，亲任解说，导游旅程。盘桓二十天，仁健奉献了一番慰藉老同学心灵创伤的眷眷之情，徐朴夫妇也享领了纯真的友情，白首相聚，仍如春风和煦，温馨可餐。这都是仁健兄笃于友情的范例。

仁健兄舞文弄墨一生，成就斐然，他的文章，文笔洒脱，风流倜傥，是有目共睹，心有同感的。他的文笔，绝对经得起咀嚼，无愧文章中的上品。最主要的原因，我想不外有二：一是他不论写何种文章，都融注着自己真实的性情；二是有厚实的文字功底。凡文学类的作品，有无笔者的性情，是判别高下的标尺。犹如歌唱家的歌唱，能否打动听众，音色、音量、技巧等诚然重要，但首位的是能否准确而真挚地表达出歌曲内在的真实情感，以引起听者心灵的共鸣。我常说：王立平是真正读懂了《红楼梦》的音乐作曲家，他为电视剧《红楼梦》谱曲，经过四年的潜心涵泳，终于把准了《红楼梦》的神韵，抓住了“悲凉之雾，遍被华林”的主旋律，弦定了“悲凉哀婉”的基调。故而他的曲谱能传《红楼梦》之真谛，而备受推赏。恕我妄断，《红楼梦》诸曲必将与《红楼梦》共千秋，也将成为经典。

仁健的文章耐看，正在于有真实性情，透着本然的气息。另外，也可能是我的偏颇之见，仁健兄的文风偏于婉约柔美，还透着一点魏晋的名士色调。于现代文学史来说，似乎迹近于郁达夫的文风。就此，我曾当面请教于他。他说，可能是受点先父的影响吧！其父在20世纪30年代曾任如皋中学教导主任，也是一位热心的文学青年。曾与旅京的同乡魏建功先生（“文革”前曾任北大副校长，真正的学术权威）等人在假期中创建过名为“平民社”的文学组织，也出过《平民之声》的会刊。他先父性情上是崇尚以创造社为旗帜的浪漫主义创作的，也出过新诗集，魏先生亲自为其设计封面。由此看来，我的印象也许还不是无中生有、捕风捉影了。

远在上南通中学时，他与同学、现在著名画家范曾，一个主文，一个主画，合办过多期大型壁报，中学时代就崭露头角了，仁健的文笔是有童子功的。1956年我们进北大，1957年春就开展整风“反右”，待1958年春“反右”扫尾后，一股由人操控的所谓批判资产阶级学术思想的浪潮席卷校园，各种以批判为己任的社团如雨后的菌类破土而出。我们这些还未真正受过“三娘”教诲的学子，已经开始“子教三娘”了。各色文学研究会，冠以毛泽东、鲁迅、瞿秋白等煌然的名号，纷纷成立。抡起庸俗社会学和阶级分析法的棍子，夹头夹脑地对众多的学术前辈打将出手。仁健班的社团就称“毛泽东文学社”。他虽不能列籍于左派，但因以文笔出众的才具，与张继顺、彭庆生等同为年级中的佼佼者而成为研究会的执笔人。他一生舞文弄笔的生涯实肇端于此。要说他的文笔的童子功基底，大概得益于从小的家庭熏育和中学六年。

仁健兄在文化界五十余年所做的工作，大致以“文革”结束为界，分前后两个阶段，“文革”结束前二十余年主要是领命写作，配合政治运动，由上级定题定调，他领命去写去编，写成了经审定合格也就任务完成。虽耗去了不少精力，其间的多数篇什、多少劳作，过后观之，也只能雨打风吹、片片落花随流水了。他真正的自己做主的文章是开始于“文革”之后的，而最有意义价值、堪称事业的，是他在山西人民出版社创办的期刊《名作欣赏》。现在已严重曲解了“事业”的含义，把“职业”当作了事业。按中国传统文化的观点，事业即功业，是与立德、立言并称的，必须以造福于人类社会、泽被后世为标准，是可以“不朽”的，才能言之为事业。而职业只是各种社会分工中为养家糊口所做的一份具体工作罢了，古代名之为“稻粱谋”。诞生于1980年的《名作欣赏》是堪称事业的，不仅是全国仅此一家，戛戛独创，更主要的是在历史的转折时刻起着拨其乱而反其正的作用，是山西期刊史上浓墨重彩的一页。

20世纪70年代末80年代初，是中国历史新纪元的启端。处在新时代的初始期，承载着拨乱反正的历史重任。仁健以其敏锐的头脑，洞察出时代潮流，有志于为时代大潮汇入一派支流，承担一份在文化界拨乱反正的历史责任。在这个目标的驱动下，他孕育、擘画的《名作欣赏》于1980年终得呱呱坠地。《名作欣赏》主营文学也兼顾艺术，融文艺研究、评论、赏析于一身，以高雅的品格面世，顿时就引起了全国读者的注目和青睐，尤其受社会中上层读者群的赞赏。我记得像王朝闻、程千帆、王瑶、蒋和森、黄秋耘等一批大家都极口称赞，予以极高的评价。

《名作欣赏》之所以暴得大名，主要是缘于她顺应了时代潮流，有拨乱反正的独特品格。其意义，主要呈现在两方面：

其一，经过三年困难时期至十年浩劫，几亿中国人食有定量，难以果腹，衣仅蔽体，而且只有黑、蓝、灰、军绿几种颜色，被西方讥为“庞大的蚂蚁王国”。物质生活穷白困顿如此，精神生活更像一片广袤的荒原，天空布满了浓黑的阴云。尤其是只看样板戏、只读语录本长大的一代青少年，理解的文化只与“革命”挂钩，不知道真正的文学究为何物。《名作欣赏》问世，将一大批过去被诬以封、资、修毒草的禁书推到了广大读者的眼前，像驱散了漫天阴霾，仰望天宇，原来竟有如此璀璨夺目的星空。俯瞰精神餐桌，除了窝头、糊糊，竟然还有如此丰盛的食品，更何况还有令人口舌生津的山珍海味！古今中外的名著使读者大开眼界、大快朵颐！于这一层面的拨乱反正作用，厥功甚伟！

《名作欣赏》拨乱反正的作用，还有更深层次的一面。从20世纪50年代初发端的批电影《武训传》，接着批《红楼梦》研究，批胡适，反胡风，反右派运动，批封资修文艺黑线，直到十年浩劫，横扫一切牛鬼蛇神……教条主义泛滥，如“秋水时至，百川灌河”，“横无际涯”。居然不承认“文学是人学”的命题，只承认文学的阶级性，而不承认文学的人性品格，一切以服务于政治需要为宗旨，只认可内容的思想性，不能谈形式的艺术性。正是在这样的时空背景中，《名作欣赏》重新高举文学是人学的旗帜，坚守文学的独特品格，并按文学自身规律来研究文艺作品，导引读者以正确的阅读、欣赏方法，重新培育起赏美爱美的艺术情操。这也是《名作欣赏》对拨乱反正解放思想所起的一大作用，功莫大焉！

附带说及的是中国文艺出版界在20世纪80年代到

90年代，掀起了一股声势颇为浩大的编著林林总总的文学鉴赏集的潮流，不乏文艺界的耆宿大家涉足其间；众多的文艺类杂志，也纷纷开出“名作赏析”的专栏。虽不能说这完全是《名作欣赏》的作用，但这股潮流，如同茫茫九派流中国的长江，《名作欣赏》无疑居于扬子江的地位，怕不是言过其实吧。

仁健虽创办了《名作欣赏》，直到1985年才获得了主编名位。但不论有无名位，他是实质性的真正主编，直到1998年退休之后，还任职到2002年，前后任主编长达二十三年之久。如不犯忌讳的话，称他为《名作欣赏》的“生父”和“教父”，是实至名归的，而这也成就了他一生中最绚丽的真正事业。仁健的文章事业，除了《名作欣赏》的编写，另有《舞文杂辑》《鳞爪集》等著作，可能很少人知道他还翻译过全本《聊斋志异》，还有众多为他人著作写的前言或序文，都是馥郁生香的文字，无不显露着他出色的才情。

仁健兄曾自谦文集为“舞文杂耍”，这恰是我说他有些名士色调的佐证。“舞文”是他一生的主要生活内容或者说职业；“杂耍”则揭示了他的人生观或人生态度。为人，随遇而安，宠辱不惊，仰不愧于天，俯不怍于地，以“不欺心”为准绳。他对人生意义有独特的领悟：人生的根本目的就在于生命的本身，是为了活得好而已！因而不汲汲于什么，也不执着于什么，对一般人普遍看重而执着追求的东西反而看得很淡，蝇蝇式的生活是他所不屑的。所以，他热爱生活，也会享受生活，到老都合拍于时代，并不落伍。至于为文，在他看来，也只是一种“舞”，一种“耍”而已，兴由所至，情随事发，无非是一种享受的过程。所以他的文章整体给人一种潇洒通脱、举重若轻之感。唯其如此，他一生并无恒定的学术专业方向，不是所谓的“术业有专攻”。但这反倒成就了他是一位难得的有通识之才的杂家；终其一生，虽笔耕不辍，但从不以“勤奋”自许。如果以勤奋要约自己，凭他遗传的禀赋和才情，早已成为卓然的大家了！但这样一来，人，就不是仁健其人，文也不是仁健其文了！

获此良友，所赐何厚！朋友一生一起走，结交六十三年，缘分何深！如今，知交零落，老友鹤驾仙逝，生命无常，痛何如哉！

2019年3月于太原师院书斋

一通远来的电话

——追念掌梭人仁健学兄

/史有为

2016年10月9日时逢重阳，北大中文系1956级同学自天南海北再聚北大，同庆入学六十周年。会后，张仁健学兄即提议出版回忆录，并亲任主编。很快，他就设计出分类标题七八则，鼓舞了我们这些老同学。在他的悉心指挥下，由副主编诸天寅、李延祜二学兄具体操作，各同窗尽心协力，感怀忆往，撰文谋篇，历时二载有余，终于成型。学在未名湖畔，志起博雅塔下；情意长萦绕，未名情未了。在仁健兄提议下，确定书名《此世今生未名情》。

我推脱不得，也曾忝列编委。稿子初步汇集时，到过我手。打开文件，形形色色的字，大大小小的照片，毫无一致的体例，犹如一匹匹脱缰野马。我头大了，心中惊叹：如何收拾！但在诸、李二位的协助下，居然让仁健逐一驯服，乖乖地排列成篇，整整齐齐。我想：仁健不知费心多少日日夜夜，又费力多少九牛二虎啊！

我是插班生，因病休学一年，由1955级语言班插入1956级一班（语言班）。可惜，这是最后一年，各班都忙着集体研究和撰写毕业论文，极少往来，已无缘认识仁健，只是耳旁似乎听到过他的大名。

2017年，回忆录稿子汇聚到出版社时，突然有一天接到一通长途电话，一个陌生而浑厚的男声，开门见山，说："你是史有为吧，我是张仁健。"我吓了一跳，心中咯噔了一下：怎么会找到我头上？莫非我的稿子大有问题，需要惊动主编来亲自警告规劝？

他缓缓地说："我们大概没有见过面吧。你是插班生，我也是第一次知道你。你从旁观者的角度观察，很有特点。你的文章写得很好。有些话我们不方便说，由你说反而更好些，可以更尖锐些。"还好，没有否定我的短文！显示他久经编辑风雨，见多识广，眼光成熟而深远。

这里所指短文就是《插班一年记》。里面写着我对这个年级与这个新班的印象与感受，以及我的遭遇与我意外的新追求。文字中不免有失轻重。多亏王绍新学友从旁指点，避免了多处不当。否则，便真的要惹起仁健的批评了。

接着他又说：“这次稿子超乎我们的预计，已经大大超编，现在不得不进行压缩。我看你有几首诗，写得很有感情。其中有一首比较长，是写六十周年重阳节开会的，写的对象似乎有些重复，诗味也淡了些，也不是回忆北大时光，不知能不能撤下来。你看怎么样？”我一听，知道那是在2016年10月9日聚会上朗诵的那首，纪念上月突然去世的老友饶杰腾。他那委婉的语调，商量的口吻，合理的原因，让人无法拒绝。我立马回答：“没问题，没问题。我完全理解，完全配合，你撤下就是。”

他也马上说：“谢谢你啦。我这是没办法的办法，只能如此，希望你谅解。”我们又接着聊了几句编辑的事，互道珍重。这番远程交谈，显露出他的细腻与周到，处理能力的高超与老到。毕竟这是一位久经出版沙场的老将啊！

我仅仅是撰文者之一，而且是最不能代表1956级的学生。为了我，他都不惜花时间来沟通。那么，几十位同窗撰文者中还有多少需要他一个个地去协调啊？他要花多少精力和时间?

那年我已八十整，我想仁健也跟我差不多。听说他也属牛。人说“八十不留坐”，这样的高龄自愿担负如此繁重的审稿、编稿工作，其工作强度实际上是以加倍计的。这是在奉献自己余下的生命啊！每审阅编辑一篇文章，可能就剥夺他几天的阳寿。

“唧唧复唧唧，木兰当户织。”编书如纺织，谋美并真善。整整五百页，犹如织就五百匹锦缎。穿梭经纬，丝丝不苟，成就锦绣。作为一个掌梭人，其艰难其负重，可想而知！也许，仁健就是为此书而鞠躬尽瘁。

六十年中，我们这一代风风雨雨，冰火雷暴。理想如梦，却常击碎，志向不灭，再织梦想。悲欢如纬，报国似经。我们一个个都未负当年理想，都各自成就了事业，实现了一个又一个迟来的梦。

当我们双手捧着这部《此世今生未名情》时，最可惜的是，这部锦缎的掌梭人已经再也见不着自己的孩子。在期待此书面世的约两年时间里，我们年级逝世的同窗学友居然已达十余位！其中有：廖文、刘城淮、冯亚眉、吴兆孟、关元光、李思明、吴济时、唐天然、黄一宁……可能还有我们未能联系到的逝者。2018年11月

6日，这么健康而思维活跃的仁健兄居然也成为其中的一位。他们生前跟仁健一样，都在企首翘盼，盼望读到这部书。唯一可释怀的是，仁健兄生前该已看到书的胎儿全貌。他可以告慰于天地，没有辜负对1956级同窗的承诺，这番辛劳并没有徒劳。他可以安心了：同学们都念他的好，记住他的奉献。他以最后的心力在历史上留下了又一个重重的足迹印痕；他以八十高龄亲自掌梭，织成了最后的梦，就是这部五百页的未名情。

谨以五古《织梦天明·留痕初心》四章献于仁健兄灵前。

2019年清明时分

敬记于北京法华寺侧亦蜗居

附：织梦天明·留痕初心

——《此世今生未名情》奉读吟感

之一

机杼二载声，

纺绩谋纵横；

织成华章句，

未名萦今生。

之二

千纬穿百经，

织入泪与情；

梦碎复织梦，

夜夜到天明。

之三

此世风雨苦，

化成七彩纹；

煌煌五百匹，

丝丝情意真。

之四

布成思机杼，
不见掌梭人；
同伴相随去，
汗青留啼痕。

【诗后记】

《此世今生未名情》为北大中文系1956级同学合撰的回忆录。自缫丝纺纱至上机成布，历时两年有余，取其大约，记为二载。

掌梭三人，主编张仁健，副主编诸天寅、李延祜。诗中掌梭人乃指仁健兄。

仁健撰词曰："此生迭起风云变，今生常萦未名情"，书名由此而来。余借用而成"未名萦今生"。

求学五载，风雷常破梦，拾梦再复织；理想不曾弃，洒泪更向前。句中织梦留痕，不眠不休，即记此情。

文章五百页，匹匹如锦缎。“不闻机杼声，惟闻女叹息。”书成而思往，机杼已息声。然驾鹤者已十余人，仁健兄亦遽尔其中。因之喟叹，西行者几何？掌梭人何在？

遂成五古四章。是为记。

记于2019年春分时节

今生永记未名情

/ 姚梅屏

今生永记未名情，

来世岂忘仁健兄。

一座长青的山

——悼念学长张仁健先生

/ 阎纯德

2018年11月6日，我的北大学长、知名文学文化期刊《名作欣赏》的创意人、创始人、首任主编张仁健先生不幸病逝。这是次日该刊全体同仁发布的唁电告诉我的一个令人震惊的噩耗。

半个月前，我曾与该刊主编张勇耀通话，说到仁健学长，她说编完这期稿子，就去拜望他，“代您向他问候!”没想到，这个问候，竟成了隔世的愿望。

文学界、文化界、教育界，大家都记得《名作欣赏》是“文革”后最早创刊的一家文学鉴赏杂志；它一横空出世，便炮响全国，被人们称为应历史潮流而预示文学之春来临的“早春二月”，是山西贡献给全国的一份文学厚礼，仁健学长也因此在翌年就被评为“山西省劳动模范”。很快成为“核心期刊”的《名作欣赏》，被国家新闻出版署评为“百种全国重点期刊”，还荣获了首届“国家期刊奖”。这一切都归功于仁健学长。

20世纪70年代末，我正忙于主持编撰中国新文学史上第一部作家大辞典《中国文学家辞典》，1981年我编了《台港和海外华人女作家作品选》（上下册，福建人民出版社1982年），翌年还在《新文学史料》上连续发表多篇关于女作家的长篇评传式的文章。我想仁健学长大概就是因为这些信息，按图索骥找上门来。那天，正是一个“早春二月”，窗外阳光和煦，地上的小草正想着挣脱严冬的枷锁，正是这个时节，仁健兄走进我家的大门，我家蜗居的空间便突然变矮了。我给他开玩笑说：“人家都说‘山东大汉’，没听人说过‘山西大汉’！现在看来这个俗语得改一改了。”他笑着说：“我们山西人不矮，都比你们河南人高大。”我说：“我们河南，夹在山东、山西两座大山之间，净受气，被挤得眼泪都变成了黄河之水！”他说：“纯德老弟，此话差矣！河南、山西是以太行相依的兄弟，情同手足，我们不会欺负你们的。”我说：“我们姓阎的，可能就是从你们山西大树底下迁移过来的。”他说话的山西味道较浓，我说咱们都说地方话吧，我讲河南话，您说山西话……我们调侃了几句，他从挎包里取出一本《名作欣赏》，我忙着给他沏茶，他说："纯德老弟，茶不喝了，我是来向你约稿的，完了我还得去北大找谢冕。看看我们杂志的名字，就知道杂志的宗旨了。"我说："仁健学长，早就知道你们这家无人不知无人不晓的学术名刊了。我现在的同事、您的同班同学彭庆生和李延祜都对我说过您主编的这本杂志。"他希望我能对谢冰莹的《女兵日记》《女兵自传》或是她的散文进行评论或解读，数千字即可，长一些亦无妨。那时正是我教学、科研、出国极为繁忙的时期，我虽然当时满口答应，但却最终食言，没有顾得上写文章给他，辜负了仁健兄的一片真诚和善意。

1993年我创办和主编《中国文化研究》，每期都在《光明日报》上刊发四分之一版的目录广告，几乎期期都有像张岱年、任继愈、季羡林、张守和、汤一介、傅璇琮、冯天瑜等这个级别的学者撰稿。有一天他到我们编辑部找我。这一次他说是找我聊天的，也算约稿。他还说他也是取经的，我说："您是送经上门！你们的《名作欣赏》办得那么早那么好，影响那么大，我们的刊物只是个小弟弟，得好好向你们学习……"就在那一次，我从仁健学长那里得到了一种办刊的启示：办刊物，就得始终坚持精益求精，追求“高质量，高品位，高风貌”的“三高”方针。他还说：“办刊物不是为了赚钱，你就得认准正确方向，坚持洁身自好，牢记我行我素。”他还说《名作欣赏》的生存之道可用三句话来概括：“以质量维持生存空间，以创新增强生命活力，以市场调节办刊思路。”这就是他办刊的以质量求生存的根本。这一经验的经典之谈，对我还是很有影响的！杂志的命运不仅与潮流有关，也与编辑部的智慧与同仁能够同心同德、齐心协力有关。

基于此种办刊信念，20世纪90年代末，曾有一家挺有名的通俗刊物，它的主编通过国家教委（教育部）的一个司长与我联系，想每年付我们100万，而在南方另办一个同名的《中国文化研究》，主编还是我。这一赚钱的提议被我拒绝了，我想是宁可赚“辛苦”，也要保持自己杂志的文化节操。

那一天，我与仁健学长聊了一个多小时。我说：“叫上彭庆生、李延祐，咱们找个小馆子撮一顿吧。”他说：“这次来京开会，另外还得到中国社会科学院文学所和北大约稿，时间紧，以后来北京再聚吧。”我见他行色匆匆，不便强留，然后送他到331公交车站，他上了车，还回头向我招招手。那一招手的身影，是他留给我的最后一个身影。此去之后，我们再也没有缘分谋面，直到与张勇耀女士通话，才说到他。

进入新世纪，《名作欣赏》与时俱进，依然追随“名作”的名刊的传统精神，以新的思路不断发扬光大，使这座文学江山变得更加广阔深厚、壮丽神奇，从古至今，作家的创作，任其评论家和学者在这块土地上尽情地愉快耕耘，使文学上的那些事儿，显得更具审美与精神。

三十八岁的《名作欣赏》正值壮年，青春焕发。它谱写和见证的是中国文学历史的真实，创作的复苏、繁荣，对于中国优秀文化的积累与传播所做出贡献。

山西是个人文荟萃的好地方。百年中国新文学史上出现过不少极具特色的名作家，他们之中有不少是我有过联系且很熟悉的作家，也有我的师弟诗人文武斌等人。张仁健学长的去世实在是山西文坛和出版界的一大损失。

山西有很多山，仁健学长就是我们心中的一座长青的山……

2018年11月11日 半亩春秋

烟雨平生忆仁健

/曾庆瑞

2018年11月7日8点46分我们大学同班学友王绍新在微信群“未名湖1956”里说：“早晨打开手机，忽见张仁健女儿报来的噩耗，简直不敢相信。”绍新随后转发仁健女儿报来的噩耗：“阿姨，我老爸昨天早上突然离世了。”8点53分，我看到这两条微信，立即在群里发出微信吊唁：“噩耗传来，令人悲戚，学友里走了又一位君子，好人，不胜唏嘘！仁健兄一路走好！请绍新转致仁健兄家人。并望家人节哀！庆瑞遐秋。”9点01分，遐秋又发微信：“简直不敢相信！这么好的人，这么纯洁的友谊，这么主持公正的人！仁健学兄，我们永远怀念你！遐秋。”同时，绍新发出微信：“庆瑞兄，我已代表同学表示哀悼。他的两个女儿都是律师，事业有成且又非常孝顺，仁健兄当可无憾了。”我跟着再发微信：

“我询问他的干女儿王晓燕，已经确认噩耗属实。王晓燕正在赶回山西的高铁上。”9点07分，我转发了王晓燕的微信：“昨天接到家里人的电话，太突然了……”随后，刘登翰、史有为、李延祜、秦川、齐裕焜、陈键、黄式宪、诸天寅、邵璧华、胡冠莹、郭成韬、卢冬诸位同窗在微信群里表达了对于仁健兄的沉痛悼念。其中，史有为的哀惋叹息是：“真是天不留人，唤他去佛界啊！”秦川的悲戚感慨是：“当年他办《名作欣赏》每期都寄我。想不到人的生命这么脆弱。”齐裕焜悲痛回忆说：“太突然了。仁健在我们班外号‘大傻瓜’。老实，忠厚，大智若愚。他为同学和我们年级做出重大贡献，永远怀念他。……我们老四班这两年走了庆生、良骏、仁健，令人悲痛。”刘登翰沉痛回忆：“前几年去太原，仁健兄做东，邀来邵璧华、葛茂荣等人，是离开北大后的第一次见面。仿如还是昨日，却成永别。”诸天寅的悼词是：“惊悉仁健兄溘然长逝，不胜哀悼。可惜他倡议的回忆录没有见到。愿仁健兄一路走好，在天堂安享幸福！”黄式宪的悼词是：“仁健兄一路走好，天堂里留着你的书桌和满满的你心爱的书。”

当天的“未名湖1956”里，王晓燕贴出两帧照片——今年春节期间，她去看望仁健时两个人的合影，和仁健父女三人的合影，并附言："不曾想到就是最后一次见面。"李延祐贴出的照片有四张，两张是卢冬学兄来京，他在他工作和居住的北京语言大学清晏楼邀同学小聚，正好仁健兄在京，也躬逢盛会；两张是在李延祐家，他们两个人的合影，他们俩还有诸天寅三个人的合影，应该是商讨年级回忆录编选事宜的聚集了。清晏楼餐叙的照片上，留下身影的还有年级同窗好友吴小林、秦川、卢东夫人、延祐夫人、遐秋和我。斯人遽尔永诀，看当年照片，心里还真的很不好受。

也是当天的"未名湖1956"里，李延祐说，他跟仁健女儿通了电话，说："仁健前天还跟人打了麻将。昨天早上七八点钟都洗漱完了，突然发病去世。前几天我跟他通电话，说大病已痊愈，一切正在恢复。然而事出意外，震惊莫名。"当天傍晚，诸天寅转发邵璧华的微信说："我见了仁健老伴和女儿，表达了吊唁和慰问，也见了年级送的花圈。他很可能是肺梗阻去世。"随后，王晓燕从太原发回两张照片，照片上正在书写我和遐秋敬挽的花圈下联。晓燕告诉我们，仁健兄是"早上上完厕所没出来就倒下了，突发性的"。

第二天，11月8日，王晓燕发给我仁健兄遗体告别现场的视频，我转发到“未名湖1956”里了。9日，王晓燕又发给我一个链接，题为《沉痛悼念〈名作欣赏〉创始人、首任主编张仁健先生》。里面，有《名作欣赏》全体同仁在7日发布的《讣闻》，另有仁健兄生平资料一份，还有仁健兄写的一篇文章《我办〈名作欣赏〉的琐忆杂感》。收到后，我立即转发到“未名湖1956”里了。

就这样，我们北京大学中文系1956级的一部分校友，在微信里送走了2018年11月6日在太原去世的仁健兄。

1956年8月下旬，在北京大学中文系五年制本科注册的当年新生二百一十人，其中，汉语言文学专业四个班一百二十人，新闻学专业三个班九十人。后来，校内东语系、俄语系转来上一届学生二十七人。这样，2008年，中文系百年系庆（从1898年京师大学堂创办时算起），印制《系友名录》，就录有学生一百三十七人了。实际上，《系友名录》中还漏了一人：分在入学时我当班长的汉语言文学专业一班的女同学石峰，后任过周扬秘书。还有一名是我们一班的旁听生，后来她成为屈武（曾任新疆维吾尔自治区领导人）的夫人。我们年级注册的外国留学生，这本《系友名录》列出的，有阿尔巴尼亚、德国各三人，波兰、朝鲜、南斯拉夫各一人，罗马尼亚、蒙古各二人，匈牙利六人，共十九人。实际上是二十四人，还漏了我们老一班朝鲜的崔东珍（崔东珍跟随她当医生的父亲在北京出生、长大，一口漂亮的北京话。人也漂亮。朝鲜领导人访华她当翻译，随后就跟着回国去了），新一班（1959年秋季，系里从汉语言文学专业四个班里各抽出一些人组建语言专门化一个班，是为新一班）越南的阮善志、黎春泰等四人。仁健兄名列汉语言文学专业老四班、新四班，直到1961年毕业。

我们这个年级适逢中央号召“向科学进军”，大学本科招生情况特别，高中毕业生总人数满足不了大学招生计划总数的需求。于是，我们一百二十个新生里，应届高中毕业生只有三分之一，另有三分之二是“调干生”，即从工作岗位抽调出来脱产读大学的“干部”。年龄呢，我们高中毕业生，都是1938年和1937年的，个别还是1939年的，“调干生”普遍都年长，最大的像荣正一、冯亚眉、滕怀池、单增辉等人，都是“20后”的了。入学的时候，年级党支部、各班党小组、团支部，“领导”绝大多数都是“调干”，像我这个中学生一进学校就被指定为一班班长，还有也是中学生的施光亨被指定为四班班长，都是“特例”，而且，不到一年，我也被换成了“调干”荣正一。这样的“身世”和“年龄”组成，难免在校园生活里生成种种矛盾。再加上，入学不久，“反右”“大跃进”“批判马寅初”“双反”“反右补课”“反右倾”“马寅初再批判”“拔白旗插红旗”……“政治运动”马拉松；一会儿“阶级斗争”，一会儿“人民内部矛盾”，“敌我斗争”不停，“思想改造”不断，这样的五年遭遇更难免在同学之间生成种种对立。还有就是，即使经过了大调整的“八字方针”，1961年夏天的大社会、大气候，也不具备大家敞开心扉、去除芥蒂、消除隔膜、尽释前嫌的大环境、大氛围。于是，毕业分手的时候，同学之间，真的很难说有多少人是难舍难分依依惜别的。甚至于，历经十年“文革”之后，早年同窗再相逢，念念不忘，以至于喋喋不休地回忆言说未名湖畔博雅塔下恰同学少年美好的年月，也不多见。

毕业后多年，我和遐秋再见仁健，是20世纪90年代初的一天，在太原，他这位北岳文艺出版社副总编辑的家里。

那是遐秋一次公差到太原，起因是，遐秋她们中国人民大学语言文学系现当代文学教研室的几个同事组织批判20世纪80年代中期以后小说“陕军东征”的一种偏颇。比如，遐秋自己写了两篇文章，一篇是《评“陕军”笔底性狂潮》，一篇是《写不尽的人生尴尬——破译男女本性的梦》；我也凑热闹写了一篇《骚人笔下莫非骚土——〈骚土〉解读》。他们将一些评论文字结集成书以后，交由山西教育出版社出版。不料，排校过程中，有人指出来，遐秋她们教研室一位年轻同事的书稿里有问题，用现在的话来说就是“涉嫌学术不端行为”。这可不是小事！于是，她必须去一趟太原到出版社处理问题。我陪她去。行前，我们专门拜访了同年级校友，又是我本科毕业后一起被分配留在系里攻读副博士学位研究生时的同窗好友彭庆生，找他要了仁健的办公室和家中电话。我们知道，庆生和仁健不仅是四班的密友，毕业后也一直保持密切联系。庆生特别嘱托，看望仁健时，不必避讳大学五年的生活，以遐秋在“文革”中的“蒙难”遭遇，仁健会敞开心灵世界诉说难以抚平的创痛的。

去仁健家拜访，是头一天约好了的。定在家里，仁健说，就他们夫妇和我们夫妇，四个人吃火锅，边吃边聊，很随性。也因为这样想，在山西的1956级校友，比如王其健、滕怀池、邵璧华、葛茂荣等，仁健一位也没有找，没有约。

火锅晚餐很丰富。仁健在传统的炭烧火锅汤里放了生鲜排骨，还放了咸鱼，说是汤味醇厚鲜美可口。约好了的，我们边涮边吃边聊，涮着，吃着，聊着，气氛变化就有些莫测了。话题，当然主要就是那难忘的燕园五年。

往事一一闪现，就像一部电视连续剧，闪回的直是鲜活的画面。谁谁谁欺负谁了，谁谁谁整谁了，谁谁谁黑材料检举谁了，谁谁谁在批判会上落井下石了，谁谁谁踩着谁的肩膀往上爬了，谁谁谁又拍谁的马屁出人头地了，谁谁谁跟谁反目成仇了，当然，也有谁谁谁横刀夺爱了，说到动情处，也不忘还有谁谁谁对谁愁云惨雾以至风雨交加中给人温暖了……五易春秋，五度寒暑，燕园里，32斋和27斋，图书馆和一教、二教、哲学楼阶梯教室，大饭厅和棉花地五四广场，未名湖和后来的红湖游泳池……燕园外，京东平谷马昌营公社、韩庄公社、海子水库、京北密云大田、京西门头沟城子煤矿、京西北十三陵水库和北大200号铁路建设工地……足迹，身影，汗水，泪水，所有的喜怒哀乐，全都有如潮水，从我们的记忆里奔腾而出，伴着小半瓶陈年汾酒，我和仁健一小杯一小杯在热腾腾的蒸汽中浅吟对酌……毕竟是女性吧，只见仁健夫人和遐秋，眼角不停地晶莹闪烁。

记得，还是仁健夫人长叹一声之后说："嗨，都过去了！来，四个人都举杯，大家都看淡了，往前走吧！"

我接过话，背起苏轼的《定风波·莫听穿林打叶声》："莫听穿林打叶声，何妨吟啸且徐行。竹杖芒鞋轻胜马，谁怕？一蓑烟雨任平生。　　料峭春风吹酒醒，微冷，山头斜照却相迎。回首向来萧瑟处，归去，也无风雨也无晴。"

仁健接着吟诵了上半阕："莫听穿林打叶声，何妨吟啸且徐行。竹杖芒鞋轻胜马，谁怕？一蓑烟雨任平生。"

遐秋接着吟诵了下半阕："料峭春风吹酒醒，微冷，山头斜照却相迎。回首向来萧瑟处，归去，也无风雨也无晴。"

好在，我们都劫后余生开始了各自新的征程。秉持着“一蓑烟雨任平生”的哲学和心态，前行路上，我们怡然自得了。

那一回别后，我们又是多年不见。只是，每每在京校友小聚，和庆生在一起谈天说地，还会常常提起仁健来。知道他1980年创办《名作欣赏》出任创刊主编后复又连任二十多年，刊物办得卓有成效，还因为主编《名作欣赏》的劳绩，仁健在1982年被评为山西省劳动模范。2002年退休前的仁健，还曾在2000年被评为第三届全国百佳出版工作者。一直在山西舞文弄墨的他，做过山西人民出版社的编辑、北岳文艺出版社的领导，还当过山西省出版协会副会长、中国期刊协会理事、山西省期刊协会会长。编刊公职公务之外，仁健也著书立说。从庆生那里，我们知道仁健出版的著作有：《舞文杂辑》、《鳞爪集》、《咏史诗注析》（二人合著，曾获山西省首届古典文学研究优秀成果奖）、《足本〈聊斋志异〉注译》（二人合著）、《唐诗精品》（二人主编并撰文）、《丁果仙艺术生涯》；主编或参与主编的图书有《中华百年经典散文》、《中华百年经典散文诗》、十六卷本《中国游记散文大系》（四人主编，并为《江苏卷》《上海卷》《江西卷》注译文之主要撰稿人）。

这期间，再和仁健续上前缘，是傅书华先生主事《名作欣赏》之后和我的联系，对我的关照。他们给了我大量的宝贵版面，多次发表了我的重要的长篇文章。重要的像《剜掉影视剧中的烂苹果》《抗战“雷剧”“神剧”批判》《赵本山的困惑和公众舆论的纠结——论庸俗低俗媚俗绝不是民俗通俗美俗》《今天再说“文艺批评是科学”》（上、下）等。尤其是后者，我把这篇文章一万七千字的A版电子版发给了书华先生。他们很快回复我说：“您的文章写得太好了，我们决定分两期全文发表。”2015年第28期《名作欣赏》发表我这一版的文稿（上）时，加了如下的“编者按语”：“百度搜索‘曾庆瑞、赵本山’字样，2010年‘赵曾门’的事件就会完整呈现，对此人们众说纷纭，而熟悉曾教授的同行或读者却会对此表示理解，说：这就是曾教授的风格。其实，从《名作欣赏》刊登过的曾教授的《剜掉影视剧中的烂苹果》（2015年第4期）、《抗战“雷剧”“神剧”批判》（2015年第22期）中，也可以看出曾教授的文化焦虑、文艺立场及文字的锋芒。本期曾教授再度发声，批评的是当下文艺批评的非正常、不科学的态度，其中涉及了一些当红影星、导演及文艺批评家。作为一本以

‘将前沿学者的研究成果转化为公众的精神资源’为宗旨的刊物，《名作欣赏》自然也是一个各种观点、各种声音交锋的平台。我们同样期待持有其他观点的学者再次发声，以形成百家争鸣之势，让读者在分享不同学者思想立场的同时，提升思想，明辨是非，从而更好地推动我国人文思想和科学文化的发展进程。”

遗憾的是，斯人作古，当时，肯定看到过我这些文字的仁健兄，有什么见教？现在无从得知了。

倒是第二年2016年10月9日，我们年级的校友，在北大中文系聚会，纪念我们入学六十周年。在系办小楼的地下一层会议室，我们有缘又见仁健了。

那天的同窗学友重逢聚谈，虽然，还像以往聚会那样，往日主事让一些同学挨了整的个别“调干大哥”并没有高姿态表示点点歉意，但大家还是相逢一笑，尽情让自己回到那五年的同学少年的日日夜夜，沉浸在也曾昂扬过的风流人物意气风发的燕园情怀里了。

为共和国无私奉献的这一代知识分子，以“30后”为主的这一代历史亲历者和见证人，全都“一蓑烟雨任平生”，只是笑谈自己的事业、子女、家庭和养老人生了。卢冬如此，遐秋如此，仁健如此，谁谁谁全都如此。这让我又想到了王阳明。我们的人生里都有一个经验是，一场暴风骤雨过后，你要是抬头看天，看到的是朗朗乾坤，雨后彩虹，以至蓝天白云，风和日丽；你要是低头看地，看到的一定是残枝败叶，淤泥积水，以至满地狼藉，心似沉渊。王阳明是前一种人。王阳明二十岁中进士以后开始是仕途顺利，但是三十五岁那年，他遭遇自己人生的一场大雨，一场生死攸关的倾盆而下的特大暴雨。几经磨难，王阳明写了一首诗，里边有一句是“险夷原不滞胸中，何异浮云过太空”，他把所遭遇的凶险艰难看成是天空中的浮云。王阳明在“狂风暴雨”过后，选择了“抬头看天”。

我们六十年后入学纪念返校的这一天，正好是农历重阳节。“莫道桑榆晚，为霞尚满天。”我们这一代人，这一群1956级的北大中文系学生，也没有真正绝望的，没有仍把“险夷”“滞胸中”的。

那天中午，中文系现任系主任陈晓明做东，校友聚餐。仁健托付我，带他干女儿王晓燕走进电视剧领域。这干女儿，在楼宇房屋装修施工领域经营多年事业有成，同时还酷爱金丝楠木古典家具的收藏，兼做金丝楠木原木采集储存、家具设计建造，还在油画领域施展才艺，现在已经是一级油画师，并且在中国人民大学继续教育学院请了另外八位画师合作开办研究中心，收学员传道研习油画艺术了。有意思的是，她还喜欢电视剧。很想把金丝楠木家具的故事拍摄成电视剧。而后，就连剧名也暂定为《神木》了。还说，时机成熟，她就要圆梦。

当场，我笑着对仁健说：“好啊！你跨界培养后代，我义不容辞，一定鼎力相助！”

那回聚会后，仁健策划编一部我们1956级中文系校友的回忆录，由北岳文艺出版社出版，并付给作者稿费。

一番紧张筹划并有序实施之后，仁健来过我们家两回。可惜，我都在京外忙碌，都跟他擦肩而过了。

仁健来是为遐秋和我的回忆录书稿。

原来，回忆录启动编辑的时候，说过一句“篇幅不限长短”。我在系里连续读书九年，经历的事情肯定比读五年本科的同学多。再就是，我写的25卷书《曾庆瑞电视剧艺术理论集》的第24卷《一条小路——我的学术人生》（下）里，书写北大九年，七、八、九这三节是《在未名湖畔仰望头顶浩瀚的星空》（上）（中）（下）。

纯粹是要给校友留下尽可能多的资料，我就压缩编写了这三节的书稿，没想到长达五万字。显然篇幅过多了。一经仁健提出，毫不迟疑，我大删大改，交了一份两万字的文稿。

遐秋的文稿，倒是让仁健费了一番周折。仁健主张，这篇回忆录是我们年级的一页历史，一定要保留，只是，在文字上，在纪实和叙事风格上，再做一些稳妥的处理才好。就按着这样的思路，仁健两次到我们家，不辞辛劳的举止里，分明是对事业、对同窗学友的高度负责精神的体现，真的令人感动。

遗憾的是，这部回忆录还没有出版，仁健看不到他的心血结晶了。

仁健走了。

其实，按现在的医疗条件，再看他走前一个月的照片，以他刚刚八十一岁的年龄，他真的还不到走的时候。

只是，我们共和国“30后”这一代人，也确实是在慢慢谢幕了。我们健在的人，对于故人的离去，常常都会伤别离，戚戚然。

细思量，还是化忆念为纪念好。

式宪兄说得好，天堂里留着仁健的书桌和满满的仁健心爱的书。补充一句，天堂里还有仁健生前北大五年排序第一的同窗挚友彭庆生。庆生早两年先仁健去了天堂。庆生接到了仁健，一定会继续编纂他们生前合作的《中国古典文化珍藏书系》，在天堂里继续为我中华民族无私奉献的。

我呢，怀念的作为，对于仁健，至少有两个方面不能懈怠。这就是——

继续跟《名作欣赏》合作，用自己的思想和文字，为《名作欣赏》添砖加瓦，为广大读者服务，了了仁健的心愿！

一定帮助仁健的干女儿王晓燕圆了她的电视剧梦！

仁健千古！

2018年11月19日于京东寓中

仁健永在我心

/张永鑫

案上放着一张摄于1984年春的五人合照：他们分别是我敬爱的学兄曲令启、蔡根林、彭庆生、张继顺和张仁健。学兄张继顺不幸最先英年早逝；曲令启、蔡根林、彭庆生等学兄又次第于2017年前先后谢世。从此，幸有与仁健学兄相携相扶，成了我生命中的唯一依托。

但是谁又会想到2018年岁暮会接到仁健爱女海燕贤侄女的来电，告诉我他爸爸溘然仙逝的噩耗！痛断肝肠、彻天彻泉的我，怎么也不能相信仁健就这样永远地离开了我！但我又确确实实不得不、也永远不得不接受这样一个真实的事实：仁健又确确实实地从此永远离开了我！呜呼，1984年照片中的五位兄长，都离我而去了！这是世间怎样的悲痛啊！我怎能不起何以聊此余生之慨！

哭仁健

文星落殒地天昏，处处故人掩泪痕。

料得年年肠断日，太行汾水颂英魂！

在老泪纵横中，我坚信：仁健永在！仁健永在我心！

“八同挚友”

仁健生前曾嘱我为其大著《鳞爪集》必以“赋文”作“序”，以使与其他三位以“诗”“词”“曲”所作之《序》相配。仁健与我结为挚友，拙“序”中原只有“同乡同科”“同室同窗”之语；但仁健审定后特意来电告我，一定要我再增“同心同德”“同宗同命”两句。我与仁健的“八同挚友”便由此而来。

1956年秋，我们甫入燕园，仁健与我，就好像就是早有缘、早已相识相知的密友一般，虽迭经“9斋”“12斋”终至“32斋”的多次宿舍的调整，整整五个年

哭仁健

文星落殞地天昏
寥寥故人掩淚痕
料得年年腸斷日
太行汾水頌英魂

己亥冬槳聲燈影中
張永[illegible]

头，一直同处一室，却从来也没有再分开过，真真是名副其实的“同室同窗”。以我的学养之谫陋与天赋之阙失，与仁健本不在同一水平上，但仁健造德盛健，宅心仁厚，一开始就视我为他的好朋友，这使我始料未及，实在令我万分感动和感激。

自此，我们相濡以沫，朝夕结伴过从“32斋”到“大饭厅”到“教室、图书馆、资料室”的“三点一线”式的“学习生活”。我们欢欣鼓舞地一起参加了平生第一次的1956年国庆天安门庆祝活动；在1957年春游八达岭的烽火台上，我们携手昂首，共起过“万里长城头，深感民族魂”的愿誓！在风光如画的未名湖畔以无比崇敬的心情畅谈着系主任杨晦师参加1919年五四运动“火烧赵家楼”的壮举以及他对曹禺先生《日出》的著名评论文章；畅谈过楚辞大家游国恩师对楚辞研究的巨大学术贡献以及他对屈原《离骚》篇名含义的独创性解释；又无比向往着、憧憬着不久的将来，能接受、聆听到著名诗人、唐代文学研究大家林庚师的“盛唐气象”及他对唐诗无比精辟的艺术鉴赏……为了追寻、探索、体验北京这一新环境所蕴含的深渊厚重的历史人文底蕴，我们曾计划着去拜谒北京西郊众多而著名的名山、名园，课余、假日踯躅在北京的长街、胡同、市井，以体味它那数不尽而深邃的、道不清而奇妙的“京味”“京韵”……有一次在暮色苍茫中进城观看完京剧后，我们两人步行到西直门，已时近午夜，又从西直门一直步行过“八大学院”，回到学校，已是凌晨两点！当其时，我们不是一群方年少、梦方翔、正满怀豪情地大踏步地“向科学进军”的青青学子吗？

至于仁健与我“同命”：一是仁健出世仅六月即“襁褓丧母”；我则是“遗腹子”。仁健能一世随缘达观，我则不免抑郁孤寂。因而他对我从小倾心冰心先生的《寄小读者》、朱自清先生的《背影》、叶圣陶先生的《稻草人》和丰子恺先生的《忆儿时》等能时起共鸣，彼此交心，惺惺相惜，以作慰藉。这就应该是我们第一意义上的“同命”。其后，入学仅只一学期，就到了1957年的春天。同为共青团员的我们，双双又均因“严重丧失立场”而受到了“除籍”的处分。从此，我们均以负罪之身，生活在阴影中直至毕业。本来我们都还对毕业后选报继续深造存有幻想。因为在我，确是“不自量力”；而对仁健来说，论学殖，可谓卓荦拔萃。然而，残酷的事实是仁健最终去了山西，我则到了河南，从此开始了我们两人几十年命途多舛、行路多蹇的苦难历程。而又正是从仁健的“宠辱不惊，闲看庭前花开花落；去留无意，漫随天外云卷云舒”中让我获得了生活的力量。这也许就是仁健与我的又一意义上的“同命”吧！

无德无能，鄙愚如我，而能忝为仁健的挚友，又更能忝为仁健的“八同挚友”，这除了表明仁健一生是一位今世难有、始终如一地能将心掬之与人的仁爱和美、忠诚待人的谦谦君子外，还能有更好的其他解释吗？仁健与我成为“八同挚友”，难道不能为人世树立出一个典范吗？仁、爱、真、善、诚，不就是为人处世之本吗？

“名刊”峥嵘

仁健生前曾多次跟我说起他为文以“弃石”为笔名与“舞文”的事。他说“弃石”由《红楼梦》的“无才可去补苍天”而取；“舞文”，则正如挚友邵璧华教授所说，仁健的“舞文”，实际上是要想忠实践行“文章经国之大业，不朽之盛事”的准则，既不是“为稻粱谋”，亦更绝不能为一己之“权”与“利”而谋。因为，我们时常谈到宋代诗人黄庭坚说的“管城子（毛笔）无食肉相，孔方兄（金钱）有绝交书”等等，认为“舞文者”必须忠实坚守“无食肉相”“与孔方兄绝交”的清贫、清贞的起码操守。所以，仁健的“舞文”，是他一生创建的功业所在！而仁健一生的大业、功业就是“为他人作嫁衣裳”的《名作欣赏》。

仁健离世，遗爱在人间。他留给了我们一笔无价之宝的精神财富，这就是生前他任了二十多年主编、倾毕生之力创办的、后被评为“华北十佳期刊”“全国核心期刊”“全国百种重点社科期刊”“首届国家期刊奖”等等的《名作欣赏》。《名作欣赏》一如我的同窗好友邵璧华教授所称，仁健是《名作欣赏》的“生父”与“教父”；《名作欣赏》“顺应了时代潮流，有拨乱反正的独特品格”而“厥功甚伟”。亦如我的同窗好友彭庆生教授所说，《名作欣赏》“卓立于林林总总的期刊之中，并一直保持着高品位、高水平的特色”。《名作欣赏》就是仁健对我们的社会特别是在文化建设上所做出的一件功德无量的大好事！

我与《名作欣赏》，如果没有仁健对我的分外关切，就不会有我同《名作欣赏》结下的不解之缘。

没有仁健对我的分外挚爱，《名作欣赏》“创刊号”就不会刊载我对唐诗人王之涣《登鹳雀楼》的赏析文章。

《名作欣赏》百期庆诞，又是应仁健之命，让我寄去了一幅“春华秋实，百芳长馨”的衷心贺辞。

我深知仁健走过了无数个风风雨雨之夜，跨越过多少重惊涛骇浪，呕心沥血，披荆斩棘，才迎来了《名作欣赏》的双百期。为了深表我菲薄的敬意和思念，我唯有以一首“桃李成蹊径，春华自醉心。风霜雷雨雪，秋实更陶人”的小诗，向仁健聊表些许慰藉。而仁健也把它写进了《名作欣赏》双百期的“千禧年”贺辞中。

我常常感叹，人于宇宙万物，止一尘粒；人于历史长河，等一滴水。所以尘粒成明星悬于天，滴水蕴彩虹映乎史者，无不因其德、其行、其业、其文而及于其人者也。此非仁健与《名作欣赏》者何？沧海桑田事寻常，唯有斯文万古光！仁健创办的《名作欣赏》，为“舞文”者的建功立业又树立了一个名垂人世的典范！

西窗夜话

1961年秋燕园毕业分手后，我与仁健，只有沙漠绿洲之感，解衣推食之情，积二十余年，未能联系，更难于会面。直至20世纪80年代初，仁健为《名作欣赏》事来江南途经东吴，小住“南林饭店”，我们才有了别后的第一次会面。那次见面，我们久久执手，相看泪眼，竟无语凝噎；相悲问年，俱成老大！彻夜促膝的长谈，不断深深的祝福，切切的情谊，在我们的心间尽情地奔涌，尽情地流淌！

2008年秋，仁健相邀，我们又在北京相聚。我们携手共游了2008年刚在北京举办的为奥运会所新建的鸟巢、水立方等体育场馆；同诸天寅学兄、李延祜学兄、彭庆生学兄等从水路旧地重游了颐和园；与彭庆生学兄重返燕园、拜谒未名、留影32斋。抚今追昔，无穷感慨，不胜依依！离别北京之夜，仁健特意觅得一方京城独出一帜的美食铺，以清一色的“蘑菇宴”饯别。此情此景，那情意、那芳香、那美味，真是人间难觅，至今犹历历在目，怎能遗忘！

敬獻"八同"摯友仁健道兄方家
仁健生前擬定與愚為"同鄉、同科、同宗、
同命、同室、同窗、同心、同德"八同"摯友

赤子其人　星斗其文
撫古成蹊徑　書齋自醉心
風霜雷雨雪　秋實更陶人

己亥冬　張永鑫

青山不墨千秋畫
流水無弦萬古琴

仁健永存

己亥仲秋
張永鑫

2012年秋，受徐朴兄长盛情邀约，仁健、邵璧华学兄与我又在上海相聚一周，参观世博会，畅游上海豫园，漫步观赏外滩有声有色的美妙夜景，同游朱家角……这是一次于我们与会者每个人都永远难以忘怀的聚首！

现在，仁健走了；但他永在，他将永在我心，他也将永存人心！

赤子其人，星斗其文。
桃李成蹊径，春华自醉心。
风霜间雨雪，秋实更陶人。

辞曰：

太行不墨千秋画，
汾水无弦万古琴。
仁健永在

海燕贤侄女寄我一幅她爸爸安息长眠的“龙山名人园”的设计样图。中有仁健生前所摄照片一帧，很是英武。昂首竖脊，英气勃勃，仁爱照人，熠熠生辉。睹照怀人，耳际不觉便涌上了俄罗斯著名诗人普希金《纪念碑》的诗句：“我为自己建造了一座非人工的纪念碑，在人们走向那儿的路上，青草不再生长。它抬起那颗不肯屈服的头颅，高耸在亚历山大的纪念石柱之上！”

一片赤诚为同学

——怀念张仁健同学

/诸天寅

我和张仁健是北京大学中文系1956级的同学，由于不是一个小班，在学校时彼此并不熟悉。毕业后他分在太原，我留在北京，除了北大校庆时见个面，没有什么联系。直到2016年恰值我们年级入学六十周年，10月9日正好是重阳节，我们在北大中文系会议室举行了一次纪念会。会后，张仁健同学找到我和李延祜同学，由于我和李延祜是年级联谊会成员，和年级同学联系较多，所以他和我俩商量，说四川大学中文系1955级编辑出版过一本题为《那年那月》的回忆录，受此启发，他倡议我们年级也编一本回忆录。由于他原在北岳文艺出版社工作，可以为书的出版提供一些方便。同时考虑到我们年级入学时约一百二十人，2018年是北大建校一百二十

《此世今生未名情》主编、副主编在京商讨编稿情况合影留念（左起：张仁健、诸天寅、李延祜）

周年校庆，这本回忆录如果编出就算给母校的献礼。当下商定由张仁健任主编，我和李延祜任副主编，还选出几位联谊会的其他成员做编委。我们拟定了征稿启事，寄出七十余封，开始了编辑工作。

在两年多的编辑工作中，我们主要靠电话联系，其间张仁健专程两次到北京一起研究、商讨编辑工作中的问题。由于接触多了，我发现张仁健身上有许多优点，他热爱母校、关心同学，对待编辑工作有火一样的热情，考虑问题细致周到、认真负责，一片赤诚为同学。

编辑工作并不顺利，困难很多，首先是组稿工作，由于同学分居各地，又大多已是耄耋之年，写稿很不容易。张仁健想方设法通过各种途径联系同学写稿。比如他几次与何九盈同学联系，动员他写稿，还提供写稿内容。结果本不想写稿的何九盈在他的感召下，写出了两篇文章。他尊重同学，为商量压缩稿件，他利用到北京的机会，专程到曾庆瑞、赵遐秋家中说明他们的文章较长，能不能适当压缩一下，曾、赵二位看到他十分诚恳，便欣然同意。再如他从山西太原打电话给史有为同学，史有为写了文章还有一首诗，张仁健说由于书的容量有限，建议保留文章，撤下诗，史有为顾全大局，当即表示同意。此外本书的题目，栏目的划分，稿件的编排，都是他精心确定的。九十多篇稿件他都仔细审阅，并提出修改意见。他毕竟年事已高，为此书日夜操劳，2018年11月6日，他竟溘然长逝，与我们永别。同学们都很悲痛，深切怀念这位好同学。现在这本回忆录已经出版，可惜他没能看到这本书。他为编辑这本书付出的心血大家永远铭记，我们永远怀念张仁健同学！

怀念仁健学兄

一

江南子弟富才气，求学燕园得培育。
分配山西展宏图，《名作欣赏》誉全域。

二

倡议编辑回忆录，念念不忘同窗谊。
付出心血多操持，溘然长逝令人惜！

北大才子笔头健，

口若悬河皆文章。

一手创刊赏名作，

三寸不烂舌头香。

* * *

吾友张仁健传

/ 王东满

吾友张仁健，南通掘港根。
少小强心记，楹联最投心。
庭院复街巷，凡联必背诵。
及长入北大，名校育才俊。
写诗辟园地，书生意气甚。
因才险罹祸，漏网充晋军。
分配戏研室，幸遇易老翁。[①]
惜才委重任，专攻果子红。[②]
成稿字廿万，“文革”失无踪。
忆作简评传，绝唱传后人。
至今仍浩叹，抱憾果子魂。

---

① 易老翁：即王易风，时人皆呼“老易”“易老”。

② 果子红：丁果仙之艺名。

十年“文革”事，三寸舌不烂。
两派常辩论，怪舌美名传。[①]
事业成虚度，爱情结硕果。
属牛逢二牛，而立栖凤娥。
凤娥靓且淑，相夫贤内助。
贡献两千金，二女胜十浊。[②]
一门两律师，盈庭兰蕙茁。
信步万国城，[③]回首王家巷。[④]
鉴今忆旧年，感慨翻波浪。

中办学习班，荒唐又一年。
日诵语录苦，夜梦凤娥甜。
下放闻喜县，山村对影怜。
只道此生休，天道戏冥顽。
十年一觉梦，拨云现青天。
拨乱反正始，改做编书匠。

---

① 怪舌:“文革”中有给其写大字报“校正怪舌”,故有此雅号传世。
② 十浊:十男也,取《红楼梦》林黛玉之论。
③ 万国城:仁健兄现居万国城三百平方米之豪宅。
④ 王家巷:仁健兄当年住王家巷不足二十平方米之破屋。

一手创名刊，[1]殷勤作嫁裳。
荣获省劳模，东满代包装。
亦编亦撰写，笔耕从未闲。
专著出多种，诗文见报刊。
舞文已杂辑，诗联尤获赏。[2]

岁月恁无情，晃眼已望八。
对镜聊自问，先生老贝乎?
啜螺望云乡，蔚霞桑榆壮。
吟诗与作对，敛才鲜张扬。
放情寄山水，畅游走夷邦。
南非与欧美，感而作词章。
晚岁犹忧国，生态牵衷肠。
笔襄有志者，兴业开晋源。
拓荒易龙脊，[3]启春看西山。
敢教汾水碧，歌赞康培园!

---

① 创名刊:指创办《名作欣赏》。
② 舞文句:指张仁健著《舞文杂辑》。
③ 龙脊:指龙山。

雅兴难自已，搜遗增新章。
广倩书道友，倾墨添辉煌。
单编诗联集，鳞爪露书坊。
嘱余为诗序，且要书条幅。
同事二十年，相知五十载。
唱酬开心颜，同道永相酌。
友情一何深，河汾代言说。
信知难婉拒，匆匆吟此作。

2014年4月1日一气草成

2014年4月14日改

北大才子张仁健

/王东满

无论职位高下，想到谁就给谁来一首。首先想到的是外号“怪舌”“口若悬河”而又嘴馋贪吃的仁健兄。“同事二十年，相交五十载”。我们既是文编室的同事，又是“文革”中的同事战友，文章写得好，一手创办了大型文艺评论刊物《名作欣赏》，颇有影响。嘴馋贪吃，见了海卜卜（花蛤）就流哈喇子，那种自我得意的“吃姿”也不甚雅观。我们俩一块进京组稿，到东来顺吃涮羊肉（我好像是头一回开此口福），他几乎把我的那份也吃了，结果第二天半个脸就发酵了。我俩经常斗嘴，他急了就取笑揭我的短：“再怎么我也不会连大米饭也蒸不熟！”我也会拿他以介绍对象为名哄同室同事买烧鸡吃、替同事写情书（我也曾代笔），换取同事的油泼面吃，等等趣事，予以还击。到“中央学习班”，我俩，还有王智才，经常起了床不爱叠被子，叠了也总是乱堆一起，所以在军代表眼里是“最邋遢”的三个“家伙”。

还有一件最值得自我欣慰的事：我还越权一手包揽送了他一个“山西省劳动模范”的光荣称号，此非笑话，他至今还享受着山西省劳模待遇。这事说起来有点滑稽：那年出版社办公室突然通知文艺编辑室要马上评选一个省劳动模范，可是编辑室的领导和包括张仁健在内的主要编辑都去了北京，室里就留下我和常德顺，上面还要得急。于是我和常德顺就说，咱们评选——我选张仁健，理由一二三。常德顺说，同意！我说，全体通过。便将“推选结果”告诉办公室阮传武同志。可是空口无凭，还得上报张仁健模范事迹材料。这事也不难，我来代笔。替他写了模范事迹材料，这还不成，还得文艺编辑室领导签字。那时的领导已经由关守耀主任“禅位”于罗继长。怎么办？总不能白白浪费了一个省劳模名额！还得我担罪名，于是就胆大妄为，当了一次“冒牌主任”，代替罗继长主任签了字：同意！我敢于这么做，是因为自信以当时文艺编辑室的“空气”，没有人敢公开不同意张仁健当劳模。想着这些过往烟云，于是就吟出四句打油诗：

北大才子笔头健，口若悬河皆文章。

一手创刊赏名作，三寸不烂舌头香。

（节选自《十年编书匠——边编书边创作边挨批评》，《山西文学》2019年第7期）

怀仁健

/张厚余

仁健走了快半个月了。对他的怀念，一直萦绕于心，悲痛难释。

今晚，再读他给我的评论集《寻芳屐痕》写的序言，又热泪难收，悲怀更深。

他在序中说："我与厚余至少存在着同姓、同学、同代、同行、同志趣、同命运这'六同'。就连名字，虽不同却相近。他名厚余，我曰仁健。可见我俩的双亲在取名时，都寄予着'宅心仁厚'的期望。他呢，是公认的名副其实的忠厚有余，我呢，是否'仁心健在'，则不敢自断。我觉得，我俩的同行、同志趣、同命运这'三同'决定了我们心性相印、惺惺相惜。"

这篇情真字切的美文我实在不忍卒读了……其中详述了我们相识不早的共同遭遇，相见恨晚的相知相助，以及对人生事业的共识共见和难忘的种种交往。这篇挚情美文，不仅是我们交情的永恒纪念，而且是他才情才识心性三观的浓缩写照。

长歌当哭，痛定思痛，对这位挚情好友的离去，我心乱如麻，思绪纷纭，不知该说什么，现只说说他宅心仁厚、仁心健在之二三事吧。

首先是对我的关爱。就说1994年我的这本评论集的出版，不仅是他起了名，作了序，而且整个出版过程全凭他努力相助。他和其他领导不怕赔钱，把这本拙作列入年度出版计划，又多方筹措，联系责编和美编，免费为我校对设计封面，就连所印的纸张，也千方百计做到物美价廉。这本四十多万字的书，由北岳文艺出版社正式出版印了一千册，只花了很少的费用，这对囊中羞涩的我是多大的帮助呀。这是我生平最早出版的第一本书，而且正赶上报社评高级职称，我这非官非资历的穷书生能在翌年全省新闻评审会上全票通过，一炮打响，全赖仁健和北岳雪中送炭呀。

仁健对我的垂爱不仅如此。名噪全国乃至海外的《名作欣赏》，多是名家名作名人赏析，我有幸能成为该刊一名经常撰稿者而且不负所望，也是由于仁健的赏识。在短短的几年里，连续刊出我写的对老舍《月牙儿》，徐志摩《翡冷翠山居闲话》，杨绛《阴》和傅山、元好问等多篇名家名作的赏文，这都是仁弟在抬举我啊。对我的关爱多多，暂不多说。再说他对其他友人的关爱吧。

且说我俩的校友沈泽宜是1957年与张元勋写震撼全国的诗篇《是时候了!》的作者，才华与苦难已载入史册，可谓我们这一代热爱自由与民主的知识人的代表。因其妹在太原教书，自20世纪90年代以来他经常往来于并，得以与我俩相聚。第一次我们三人同游崛围山，沈君在高塔下高唱《夜半歌声》，如泣如诉，如怨如慕，我俩侧耳倾听，齐声唱和，歌声回荡山谷，同发人生之感慨。几年后沈君再至，不佞相邀陋室便餐，仁健还带来美酒醉蟹佐味。饭后仁健做东，我三人同去一高档休憩处足疗。沈君孑然一身，生活清苦，仁健怜其来往奔波之劳，导其养生之道。事后沈君言其乃初试舒适之愉。是时沈君刚有一首《竹》诗在燕园林庚师90寿辰聚会上发表，他再次朗诵让我二人倾听。话音刚落，仁健即击节赞赏，其意象之新美、意蕴之丰盈可谓当下之名作，立即让我做欣赏之人，约定本期刊出。我即遵学弟之命，连夜撰文数千言，呈仁健泽宜过目幸得首肯。此诗此文发表于《名作欣赏》2001年第4期，并于《中华读书报》转载，反响较盛，本人还得数高校学子的来信，并圆了仁健关爱沈君的潜心梦。

四年前沈君因病久治不愈去世，仁健得知立即告我，并同致悼文，可怜沈君无妻无后，形单影只一世，连治丧者亦寥落无迹，一颗彗星无声陨落了，仁健与我哀望南天，低首泪洒，只捧着他赠我们的《诗经新解》和《西塞娜十四行》默念饮泣……

仁健的慈悲之心是普遍的。他的一位同窗叫徐朴，多年居上海，历经磨难，新时期以来亦无正式职业，仅靠翻译为生。为慰安老同学，前几年秋，曾专程请到他寓处热接热待，观光旅游，同时将在并的邵君、梁君也请来一起聚会，连我这位高一年级的学兄也盛逢其会。徐君后来有许多译作寄我，大都是名家儿童文学，可见功底之深，学渊之广。

仁健有位才华横溢的同班同学姓蔡，在北大上学时，就在《红楼》上发表了《东阳江》的长诗，以故乡风土人情为背景折射社会情状和时代的变迁。事隔多少年，仁健不忘此作。回首品味，确有真善美的诗品价值，慧眼识珠，隆重推出，鲜花重放，享誉世人……蔡君为人至孝，并英年早逝，《名作欣赏》捞此沉海之珠，亦有怀人念贤之仁心在啊……

仁健之仁如春雨夏露，知之甚少，只列管窥之一二。写到此处，忽忆多年前仁健与成德、友光等北岳同仁邀我与内人藏山之游，我们一起登高览胜，在滴水洞中乘凉润唇戏水……又忽忆当年参加仁健爱女婚礼的盛况，那么多亲朋好友参与道贺。仁健身穿黑色燕尾服携爱妻双双登台，与一对新人共同向来宾致礼，那风趣又深情的话语，那手按《圣经》的绅士做派，曾引起台下多么热烈的欢呼和掌声，引发朋友多少心灵的共鸣和敬佩……又忽然想起我俩在省报刊审读年会上的交谈和他直爽剀切的发言，那时他是省报刊协会的一把手，他了解全面情况，他痛惜报刊商业化的侵蚀，痛陈有偿稿件的蔓延大大降低了质量的危险，他呼吁横扫拜金主义，坚守人文精神严格把关，提高编辑的业务素质，还出版业一片干净清明的圣地……又忽然想起几年前他将新书《舞文杂辑》寄我，我耽读再三，为其惜墨如金之自珍自重，为其选作之精粹，质量之高乘，为其文体之丰、才华之广、语言生动文采斐然……写了评论，发于《太原日报》“双塔”副刊，我手持报纸亲赴府上送达，想促膝畅叙，不料君远在合肥，家中只有爱女，再无见面之缘……

这两年几次电话手机联系，难得回音。又托友人致意致信，亦无反应。思念之心常在，盼望或日重逢，何料噩耗传来，天人相隔，从此永别，悲情何堪啊……今夜草草心语，君若能在九天聆听，一哂一笑，庶几略可减哀……贤弟仁健，仁心永健，地久天长！

2018年11月29日

人面不知何处去

——记张仁健先生二三事

/杨济东

我平时称呼张仁健先生为老张，这里就称老张吧。

我与老张相识是在1984年底。当时，正当我北师大研究生毕业。一天，我的一位后来在全世界都出了大名的同学告诉我："你们山西刊物《名作欣赏》的主编要到家来，你也来和他见个面吧，毕业后你可考虑到他那儿去。"就这样，我认识了老张。

我到《名作欣赏》时，《名作欣赏》的影响已经很大：其一，《名作欣赏》与沪版"鉴赏辞典"前后脚在全国掀起了一股"欣赏热"，而老张，更以力倡"欣赏学"之说，站到了热流的潮头。其二，在《名作欣赏》的作者队伍中，赫然列有季羡林、施蛰存、周汝昌、贾植芳、袁行霈等好多大师的名字，以致介绍我认识老张的那位大名鼎鼎的朋友说："人之知山西，煤与《名作欣赏》而已。"如果没有老张的呕心沥血，《名作欣赏》恐很难有如此局面。而人所不知者，是老张在《名作欣赏》初期，曾跑了许多大城市，瑟瑟寒风中手提糨糊桶刷宣传《名作欣赏》的小广告。

山西大学赵景瑜先生曾为《名作欣赏》撰《红学问卷启示录》之文，内容是询问男生愿娶哪位《红楼梦》中女子，又询问女生愿嫁哪位《红楼梦》中男性。"红学"研究，严整高深，这是不是有点"野狐禅"？但老张见文，立刻认为是有创意的好文。《名作欣赏》刊出赵文后，引起很大反响，真有许许多多的男女跟《名作欣赏》联系，踊跃回答赵景瑜先生的询问。不久，赵文受到当时古典文学研究权威刊物《文学遗产》的关注，该刊致函赵先生约为后续。我们知道，胡适、周汝昌等先生在大观园旁边创造了许多"花园"使人们驻足，赵景瑜先生不是同样给人们提供了一个红楼主题的公园吗？老张算是这个公园的开门人吧。

老张于艺术样式中尤热心对联，也就很喜欢对仗。如果翻看一下老张主持工作时的《名作欣赏》，其标题多为对偶句。一个人影响一个刊物，于此可见一斑。

老张，人称美食家，自称则是“吃货”。一日到南京出差，返回时南京社科院吴功正先生带一包螺蛳送行到火车站。二位找一稍静处席地而坐，摊开螺蛳，嘬然有声。称美食家，如此而已。

老张南通人，北大毕业后到山西，娶一山西佳丽。生二女，皆大有出息。北岳文艺出版社老总编张成德先生自言善算，曾为老张大女卜，回：“一女胜五男。”信哉斯言也。

老张略通昆曲，曾在联欢会上清唱昆曲《人面桃花》。其中，“人面不知何处去”，真真是应了今日之事了。而“桃花依旧笑春风”，说的可是《名作欣赏》?

远去的老顽童

——追忆《名作欣赏》杂志创始人张仁健先生

/ 李建华

老顽童张仁健走了，他走得那样突然，让人猝不及防。

前两天他还和朋友们在家里有说有笑地打麻将。那天早上，他照例早早起来洗漱，却不知何时倒在了卫生间地板上。保姆第一次推开房门，见床上无人，以为他像往常那样出去遛弯儿了。过了一会儿又进去打扫卫生，才发现他倒在卫生间的地上已悄无声息。

老顽童就这样匆匆走了，没有和隔壁房间的大女儿打声招呼，更来不及和千里之外在安徽小女儿家照顾外孙的老伴道个别，就悄悄远去了。他走得这样义无反顾而又干净利落，仿佛是急于到另一个世界去玩耍。

老张的爱吃爱玩是出了名的，“老顽童”的雅号由来已久。他自己也从不避讳自己的嘴馋和贪吃。喝几杯酒便脸红如关公，他伸出筷子大快朵颐的样子，让你觉得他就是一个老小孩。退休以后打麻将更是他的最爱，隔三岔五就呼朋唤友，几天不摸牌就心痒难耐。

别以为老顽童是个玩世不恭的人，他可是当年北大中文系1956级的高才生呢。他创办的《名作欣赏》杂志更是誉满天下，全国所有的大学图书馆，几乎都有这一本杂志。

说起《名作欣赏》这个品牌期刊，就不能不提到它的创始人张仁健先生。

让我们先从老张的个人经历谈起。老张1938年生于江苏南通。当他还只是六个月大的婴儿时，就在襁褓中失去了生母。父亲当过中学教导主任，写过新诗，可算是家学渊源。父亲并不赞成儿子学文，无奈天性喜欢舞文弄墨的少年郎，竟在高考前的一个月，背着父亲自作主张，弃理从文，偷偷报考了北大中文系。

事实证明，父亲的疑虑并非杞人忧天。1957年的燕园浪急风高。5月初，中文系学长沈泽宜、张元勋在大饭厅里贴出诗歌大字报《是时候了!》，内容本来只是对当时校方选拔留苏人才时的“唯成分论”的做法不满，提出应公平选拔人才是时候了，但却被上纲上线，冠以莫须有的罪名。

初出茅庐的张仁健，正是易于冲动的热血青年，他被三角地的开放心声所鼓舞，也挥笔写下了一张《放开嗓子唱》的诗歌大字报，和几位同学共同签名贴了出去。幸好这张大字报是在暮色中贴出，位置也在不起眼的墙角，并未引起反右斗士们的关注，也幸亏他所在班级划右派的指标已经满员，所以老张有幸成为“漏网右派”，逃过一劫。但这个率真得有“大傻瓜”之谑称的江南青年，最终还是作为右倾分子被开除了团籍。1961年大学毕业，和几位同学一起被贬谪分配到了黄土高原。

幸运的是，老张在这里遇到了他人生中的伯乐王易风。这位老农民模样的慈祥老干部、戏剧专家，看中了他的才华，欣赏他绵善随和的性格，点名将他要到山西省文化局戏研室，这使得他没有像其他同学那样被分到县里去教书。王易风引领他走上研究山西戏曲之路，从此这个听惯了吴侬软语的南方人，一头扎进了具有粗犷高亢风格的山西梆子里，写起了研究丁果仙晋剧艺术的文章。

正当他的学术研究渐入佳境，和同仁艾治国合作撰写的20万字研究丁果仙艺术生涯的论著即将结稿之时，一场“文革”飓风将成果席卷而去，浸透数年心血的手稿被抄走，从此下落不明。再后来，他被下放农村参加“四清”工作队，直到改革开放后才被调回出版社工作。

经历了“文革”浩劫之后的华夏大地，一片文化荒漠，百废待兴。老张以文化人的敏锐嗅觉，感受到百姓的精神饥渴，于是他和出版界的同仁们一起策划了以欣赏介绍古今中外优秀经典作品为主打内容的《名作欣赏》杂志。这份刊物很快就以高雅的品格，精美的内容引起了社会瞩目，在一大批名人专家撰稿支持下，杂志的发行量直线上升，很快成为享誉全国的名牌期刊。

几十年来，老张为《名作欣赏》杂志殚精竭虑，是大家公认的功臣。为了找到优质稿件，他和出版界同仁遍访名家，将一大批闻名遐迩的作家学者聚拢旗下。为《名作欣赏》撰稿的几乎都是在中国文坛上熠熠生辉的名字：曹禺、王瑶、王朝闻、施蛰存、李健吾、程千帆、陈瘦竹、蒋和森、黄秋耘、吴奔星、吴小如、钱谷融、王元化、周汝昌、马茂元、刘逸生、周煦良、谢冕、陈逸飞、蔡若虹、柳鸣九、张英伦……不胜枚举。

这是一种在全国唯一以鉴赏古今中外文学名著为内容的大型期刊，几十年来获得荣誉无数，曾蝉联三届政府最高奖国家期刊奖，连续两届被评为全国百种重点社科期刊，被列入全国核心期刊。老张本人也被评为山西省劳模，全国百佳出版工作者。直到退休年龄，老张仍退而未休，被杂志延聘当了数年主编，还在省期刊协会会长的岗位上继续发热发光。

老张不仅在事业上成就卓著。令人称羡的是，他还有一个美满的家庭。老张的爱人牛凤娥不仅是才貌俱佳的晋剧演员，更是出了名的贤妻。她比老张小八岁，当年在“四清”文化工作队结识了老张。当时还是“臭老九”并不吃香的年代，但凤娥很有远见，她深知自己家庭出身不好，当年为了生计，小学没读几天就投身梨园。自己文化低，就特别喜欢文化人，说这样可以“改良后代的品种”。她果然如愿了，两位千金，都是才貌俱佳的名律师，又能干又孝顺。同事们都夸老张有福气，说他的两个女儿比十个儿子都能干。

老张虽是名校才子，却从来不摆架子，总是一副笑模样。他在同事面前经常夸奖妻子贤惠，晒自己的幸福。当着妻子的面，他调侃说自己是“一朵鲜花插在牛粪上”。他巧用了牛凤娥名字中“牛凤”两个字的谐音，逗得大家哄堂大笑。老张在家里是唯一的男性，妻子宠他像宠一个孩子。有了好吃的，先给老张吃，苦活累活自己全包。别看凤娥是个演过刘胡兰的娇美演员，却一点儿也没有娇骄二气，特别能吃苦。那些年孩子还小，老张工资也不高，为了补贴家用，牛凤娥在大冬天还揽下一堆招待所的被罩床单在冰凉的水里洗，两只手臂冻得通红。搬重东西上楼，干力气活，都是牛凤娥主动包圆，从不让老张伸手。同事们都说，老张在家里是油瓶子倒了都不扶的主，都是凤娥把老张给惯坏了。老张听了，总是一脸幸福地笑笑。

我至今还清楚地记得有一天老张在办公室给我们讲的一个笑话，说早上喝牛奶的时候，他把自己的那碗喝了，还想喝，又把桌上小女儿云燕的那一碗也偷偷喝了半碗，然后兑上开水。小云燕过来喝牛奶的时候大叫起来：今天的牛奶怎么这么稀呀？老张却不吭气，在旁边一脸坏笑，淘气得像个孩子。逗得我们直乐。老张就是这样一个幽默风趣，又纯真又可爱的老顽童。

老张还多才多艺，唱京剧是他的保留节目。出版社每逢年节有文艺活动，大家都会要求老张唱一段。老张总是欣然答应，捏起嗓子，尖声细气，学着女人的声音唱起“人面桃花相映红”。老张人缘也极好，一辈子没生儿子，却认了不少干儿子、干孙子。每逢周末，众人便聚到他家里陪他玩麻将，满屋欢声笑语，其乐融融。

老张待人也极为宽厚。当年和他一起分到山西的几位北大同学，几乎都得到过老张的帮助和呵护。

有一位叫邵璧华的同学曾撰文讲了这样一件事，说20世纪70年代初，他作为右派，被停薪劳动改造。有一天他拉着平车拾粪，在火车站恰巧碰到老张。老张见他面目黝黑，衣衫褴褛，很狼狈的样子，当即脱下身上的涤卡外衣塞给他。其实当时老张也在农村下放，生活也不宽裕。这雪中送炭的情谊，让同学心中暖烘烘的。

李清洲是他的北大同学兼出版社同事，因突发脑出血离世，丢下了几个正在上学的儿女。老张就热心发起募捐，筹得一笔资金，帮助孩子们完成了学业。

远在成都的张继顺同学英年早逝，又是老张长途跋涉去帮忙办丧事，还和单位磨牙交涉，帮助他的儿子顶职上了班。

人们都夸老张面善，有一副菩萨心肠，总是助人为乐。但他对自己，却格外自律。晚年，他在自己的《舞文杂辑》中，以沉痛的口吻，讲述了生平一件最让他后悔的事：

那是1958年，反右刚结束，高校又开始批判资产阶级反动学术权威。当时班里成立了一个“毛泽东文学社”。社长给他分配了一个任务，让他写批判文章，批判当时的中文系学术权威游国恩先生的楚辞研究以及武汉大学刘永济先生的楚辞论著。

张仁健觉得，自己根不红苗不正，这是组织对自己的重用和考验。为了今后的出路，应该积极表现，以戴罪立功。于是便学着当时无限上纲的招数，写了火药味十足的批判文章。说刘先生的折中观点幌子后面隐藏的是抹杀屈原作品思想价值的叵测用心。此文在北大公开出版的批判集中刊登出来。张仁健因为这篇文章立了战功，果然后来才有资格参加了学校的多项科研课题。

人在江湖，当时也是大环境使然。但多年后，张仁健内心的负疚与自责感却与日俱增。他认识到，当年为了一己私利，就上纲上线，违心地说了过头话，这对刘老先生的身心一定造成了伤害。他认为这是自己一生中最为悔恨之事。为了弥补过错，他曾想找到当年那篇批判文章附在自己的文集里，自曝家丑，自我批判。但因年长日久，原文已不知所踪。无奈，他只好在跋里把这件事情原原本本写了出来。他在书中诚恳地检讨说："刘永济先生泉下有知，请接受我的羞愧致歉与诚挚谢罪！"

这是一个心灵坦荡的知识分子的自省与反思，比起某些死不认错的政客与自甘堕落的犬儒，这种精神是何等的可贵与光明磊落！

他对别人的苦难感同身受，充满关切，但他对自身的坎坷却从不后悔。20世纪90年代末，他曾因为分管部门的编辑有一本书出了问题，罹"把关不严"之祸，险些陷入一场官司。我记得在讨论要不要给老张以严厉处分的会上，我们几位同事都竭力为他喊冤，在民意的声援下，后来总算以内部矛盾处理，但最终老张还是被党内和行政处分。

老张的豁达开朗，也助他度过了多次劫难。风暴过后，他仍然是乐天知命的笑模样，生活得有滋有味。喜欢舞文弄墨的他，每年自撰的春联，最能反映他的个性与才情。略举几例：

"神仙洞府洞连洞，书生门第门套门。"横批"乐在其中"。这是1979年贴在自家门上的春联。他调侃自己住着只有十余平方米的狭小简陋的平房，在小女儿降生后只好自己动手，以私建公助方式又延伸盖了两小间，遂成为田字形的洞连洞、门套门的格局。虽在阴雨天屋内不免叮咚有声，但自己却感觉如居神仙洞府，胜似神仙眷属。

“无美元日钞何惧开门揖盗，有新书旧友不妨促膝神聊。”横批“自鸣清高”。这是1990年的春联，写出了一个安贫乐道的知识分子的清高与淡泊。

“闻鸡何须起舞，睡觉照样成仙。”横批“福由善生”。这2005年春联，表达了一个年近古稀的老人，“闻鸡起舞”的壮志已几近磨灭，“陈抟高卧”式的清心寡欲不失为长寿“成仙”之方。联中巧用了两个典故，明反暗用作对。有自我解嘲及自宽自慰之意。

老张不仅擅长楹联，也写新诗。他的《题一方珍藏之来信邮票》中的一往情深，《海隅杂拾》中新奇的意象和深藏的言外之意，都显露出他不同凡响的诗才。但因长年累月的办刊编书，为人作嫁，耗去了他的大部分精力与才华。更多的是写一些与编辑工作有关的评论及赏析文章。就是在这样紧张辛苦的编辑工作之余，他仍然与降大任合作出版了《咏史诗注析》（曾获山西省首届古典文学研究优秀成果奖），与彭庆生合作主编了《唐诗精品》等。近年出版的《舞文杂辑》《鳞爪集》中更能看出他半个世纪以来舞文弄墨的生活轨迹。

与老张“同事二十年，相交五十载”的作家王东满，某年曾用诗歌戏说老同事，为山西出版界的文艺老编辑们画像。写张仁健的那首诗是：“北大才子笔头健，口若悬河皆文章。一手创刊赏名作，三寸不烂舌头香。”

送老张羽化成仙的那天，恰好是农历的十月初一，民间送寒衣的日子。众人都说，老顽童是到天国去玩了。以他豁达和善、爱玩爱笑的性格，他在天国也一定会过得开心。他那像一个纯真无邪的孩子的笑容，将永远留在我们的记忆中。

2018年11月27日于并州

忆张仁健老师

/廉钢生

前辈辞世已数月，每念逝者犹泣悲。

就学北大中文系，人品才华人中萃。

出版业内老前辈，《名作欣赏》声名慰。

性情豁达为人善，音容笑貌梦里来。

2019年7月

难以忘却的张仁健老爷子

/陈　洋

社里要为张仁健先生编辑出版一本纪念文集，责编小韩在年前就约我做这本书的复审，并对我说："陈老师，您得写一篇。"我当时就想，当然，当然得写一篇。而且这件事其实早就和海燕妹妹有所约定。这些年，虽为义女，但我从心里早已把他当作了自家亲人，如今每每想起这位可亲可敬的老人家，不免伤心落泪。所以从心理上，我总是选择回避这份伤感，这篇文章也就被一拖再拖。但如海燕和云燕妹妹所言："我们不要流泪，我们要多多想起有趣的老爷子。"那我就写写我们的快乐故事。

最早和张老师熟识是在1986年。那年10月，我作为会务人员随张老师及《名作欣赏》编辑部的老师们，去上海、南京举办《名作欣赏》创刊五周年座谈会。会前会后曾跟随老师们去作者家拜访，作为刚入职文艺出版社不久的年轻人，我有幸当面聆听了张老师与施蛰存、何满子、王元化等泰斗级人物对文学现象、文学作品的讨论。上海会议结束之后，我们转战南京，又见到了陈白尘、程千帆、金启华等老先生，他们一致肯定了《名作欣赏》开鉴赏学风气之先，赞扬张仁健老师的独到眼光。我也在老先生们对他和刊物的赞扬声中认识到，自己一定要对每一部稿件负责，以尊重信任我们的作者和读者。回招待所的路上，张老师语重心长地对我说，做编辑不但要细致认真，还要敢想敢干，更要建立和维护好作者队伍。我当时并无深切体会，只能说是一知半解，几十年的工作历练后我深切领悟到他所说的这三点，真是一个好编辑必备之素质。

1989年，我社从《名作欣赏》多年的稿件积累中精选分类，编辑出版了《诗词曲赋名作鉴赏大辞典》（全二册）。我又作为编校统筹，和张仁健老师、林友光老师夫妇等七人在七二五厂驻厂编校，历时近一个月。在此期间有幸受到了两位老师的许多提点，提升了我对文学作品比较赏析的鉴别能力。我们每天八小时一起工作，早中晚共同用餐，晚上还一起散步和娱乐，此前对

"领导们"的惧怕没有了，对张老师、林老师的敬佩之情和亲切之感油然而生、与日俱增。

1990年我和爱人王建民结婚，与张老师家同住社三桥街宿舍，一个楼，隔壁单元，更是拉近了我们的距离。后来张老师把姚军和我认为干儿、干女，从此他有了超英、姚军两个义子和我这个义女，我们相互间也都多了三门亲戚。我们对他的称呼一会儿老干爹、一会儿老爷子，他就快乐地消受着。我们常在一起聚餐聚会、喝茶聊天，时间久了，关系处得与家人无二。因爱人工作单位离家较远，中午往返不便，有了女儿王迪后，偶尔会带着女儿去老爷子家里吃饭，牛妈做的大烩菜与和子饭是女儿的最爱。老爷子和牛妈都很喜欢王迪，常夸她虽然看着捣蛋，但很有主意，将来肯定有出息。女儿也常和我们说，觉得姥爷慈祥有趣，走起路来摇摇晃晃，一双大手那么温暖。

2003年，老爷子和我们先后搬迁到二营盘宿舍，住在前后楼，因同住五层，又成了"隔窗相望"的邻居，周末相约一起聚餐娱乐更加方便、好不热闹。云燕妹妹嫁到合肥及生了豆豆后，因小两口工作繁忙，牛妈便奔赴合肥担负起安顿生活、照顾外孙的重任，至此老爷子成了彻底放飞的“自由人”。老爷子向来不是甘于寂寞之人，因此除海燕妹妹的悉心照料外，义子、义女和众多“牛亲”们也时常在工作之余聚集在老爷子家中，从精神上予以解闷舒心，生活上尽心关照。我们两家因为距离较近，遇到周末，但凡不需回双方父母家时，便经常去老爷子家共度，建民负责展示厨艺，来两样海鲜，做几道小菜，再陪老爷子喝上两口，偶尔我们也去饭店换换口味，再回家打上八圈小麻将牌，好不畅快。如今回想起这段岁月，怀念之余又不免感伤。老爷子如此旺盛的人气，将骨肉、家人、甚至没有血缘关系的义子义女们长期集聚在一起，足见其人格魅力。

老爷子的家庭责任感极强，也护犊心盛。常以能娶到老伴牛妈为荣，牛妈的话就是圣旨。对两个女儿更是从小爱惜、呵护，给她们提供了充分自由的成长空间，常在人前夸赞女儿是“一女顶五男”，如今海燕、云燕早已成为全国律师界的领军人物，真为她们高兴。对自己相认的义子义女，老爷子也颇为关心，言传身教，尤其注重德行的养成、家庭的和谐和子女的教育。在他的影响之下，义子义女们都比较争气，成为单位的中坚和骨干，孙儿孙女们也都通过努力有了不错的发展前景。

得益于大人们之间的融洽相处，女儿王迪和义弟姚军的女儿萱萱从小亲如姐妹，如今两个孩子在京津两地各自奋斗，仍能相互鼓励，也让我们深感慰藉。

老爷子对古典文学、诗词曲赋有很深的研究，不仅通过《名作欣赏》教化启示众人，精彩点评也屡屡发表于国家与省级刊物，就连逢年过节、朋友家娶媳嫁女所撰的对联中也常有经典名句。不知是否因娶了牛妈爱屋及乌的缘故，老爷子对中国古代戏曲有着浓厚兴趣，且造诣颇深，曾著有《丁果仙艺术生涯》等著作，功力非凡，老爷子也曾不止一次为大家即兴表演，唱功还真是了得。老爷子不但是个快乐的人，也是一个勤奋的人，退休之后，仍笔耕不辍，2010年他将自己散见于报刊的诗文精选自编为《舞文杂辑》，交由北岳文艺出版社出版，我有幸被他指定为责编。在多次研读、审校过程中，我常常掩卷深思，以他的文墨印证我所知的鲜活其人，对于如何追求作嫁的完美、立德立言的完美等方面，受到了很多启迪，获益良多。2015年，我再次为他责编了诗文楹联集《鳞爪集》，老爷子对这本书的策划可谓别出心裁，分别采用诗、词、曲、赋四种文体作序，书中所收作品均以书法作品对应书写，大大增加了图书美感和可读性，体现了“出版超人”的强大内功。2015年后，他又重操“丁果仙研究”旧业，为“并州七老草根编创组”所编著的《晋剧坤伶须生开宗泰斗丁果仙》作序，并以顾问身份将此系列三本图书一一浏览，提出了极有价值的修改建议。

除了在学问上孜孜以求，老爷子在业余生活中有三个突出爱好。一是戏曲，昆曲、晋剧、京剧样样爱听，且常不留神就哼出几句。二是爱打乒乓球，年轻时是出版行业小有名气的业余高手，都说他走路摇摆、重心不稳，可台前身手甚是敏捷。第三就是爱打麻将，麻龄长、牌友多，在麻将打法上颇有心得，曾自创一套行之有效的“牛氏技法”：胡吃乱碰瞎有理，车到山前必有路。打起牌的老爷子颇有英雄豪迈之感，他平时不太抽烟，但凡有了好牌，就举起右手两个指头一勾，要求建民香烟伺候，那副悠然自得、伺机而动的样子，真若老顽童再世。

近些年，老爷子随海燕妹妹搬到万国城居住，比起之前远了一点，陪老爷子玩牌的时间就少了一些。2018年11月4日，老爷子电话相约，但他说：今天天气不好，不知人手凑不凑得齐。我们就在家里等他的消息，

2点50分左右，他打来电话：“快点过来，我约上超英母亲了。”于是我们赶忙动身去陪他们打牌。那天老爷子精神状态不错，他告诉我们，今天晚了，不能多打，最多四圈。但为两位老人家身体考虑，我们约定以后只玩四圈，哪怕一周多玩两次，不要太累。他非常高兴，欣然同意。第二天中午，老爷子打来电话，问我有没有他那篇关于“金庸评论”稿子的电子文件，他兴奋地和我说，我几年前写的那篇稿子，现在依然能站住脚，观点一点不过时，你快给我找找。不承想，这两天的交往竟是此生与老爷子最后一次相见和最后一次对话。

第二天，噩耗传来，可亲可敬的老爷子仓促地离开了我们，没有留下一言一语。但冷静下来，回味这些与老爷子相处的点滴，却又觉得他已经给我们留下了太多美好回忆。

谨以此文献给张仁健老爷子。

人见人爱，花见花开

——记干爹张仁健

/余超英

2018年11月6日，立冬的前一天，儿子的二爷、我的干爹、人称老爷子的张仁健先生因病去世。料理完后事，翻看众多的纪念文字：他创意创办了《名作欣赏》三十多年一路走来，并将继续为世间提供着精神美餐……他是劳模，是全国百佳出版工作者……北大学子的才华和贡献留存在世，让人仰慕……然而，他的善良、快乐和正直，比他的才华更是一个巨大的存在，温暖着他周围的人，他的气场之大，以至于失去他，我们感觉到失去了一个很大的空间。

我们是四十四年的好邻居，走成了亲戚，老父亲生前概括得真好："你牛妈（老爷子的夫人姓牛，人称牛妈）是活着的女雷锋，你仁健叔叔真是人见人爱！"

干爹的由来

虽然儿子他二爷有两个“一女顶五男”的杰出而漂亮的女儿，但是老爷子还是很愿意、很享受当爷爷的。父亲和老爷子同在一个系统上班，20世纪70年代先后搬到出版社机关大院宿舍。我的儿子昌华出生于1982年，满月从永济来到太原，是牛妈第一个从火车站台上把孩子抱回到了我们的“大院”，小昌华成了我们院子里的好玩意儿，两个爷爷都是一米八三的高个子，婴儿分不清，全作爷爷称，所以老爷子就是儿子的二爷爷，牛妈是儿子的二奶奶，我也顺理成章地成了老爷子的干儿子！三十年后，老爷子在孙子的婚礼上精彩发言，并隆重告知大家：“我是新郎官的二爷，我们家1982年就有了二爷、二奶，这可是中国最早的二奶吧！”大家都被老爷子的幽默逗乐了。“新郎昌华是我看着长大的，从小学习音乐，目前忙于工作，是个有潜力的孩子，你们新人互相帮助、琴瑟和鸣，一定会谱出华美乐章……”二爷表达了爷爷奶奶对孙子的期望和教诲，他还有很多话要说，当时我还怕他说得多止不住，影响大家吃饭，现在真是后悔，真想多听听他的教导。

没正经的老爷子

在生活中是很难听到他的教诲的。在大院，老爷子家总是欢声笑语，他经常动手做好吃的，也和两个女儿抢好吃的。牛妈像是管理着三个孩子，任劳任怨，但是对他不辅导孩子作业很生气。每天饭后，另外一个邻居，也是干爹的北大同学兼同事李清洲叔叔家，擦了饭桌变书桌，两个上学的孩子围坐在一起做作业，李叔就背着手围着饭桌转啊转，不时地辅导、监督孩子。而这一隅的干爹家，饭后谁洗碗啊，还有什么好吃的啊，干爹和孩子们经常戏耍、争执没有个正形。牛妈着急生气："嫁你就是看着你有文化，能教育好孩子，你可倒好，和孩子们耍到一块儿了！"尤其是李清洲叔叔的两个孩子先后考上了北大，成为一家有三个北大学子的人家，干爹也不着急，他每天奋笔疾书、熬夜看稿子的行动，可能就是孩子最好的楷模吧！他的两个女儿先后考上了天津大学和上海外国语学院。大女儿海燕高考完语文后，才请教老爸作文写得对不对？老爷子听后说：

"差不多！是我在外面给你发功……"看似没个正经，实则是为了给孩子减压。两个女儿心态极好，文艺、体育样样拿手，毕业踏入社会后后劲十足，分别成长为全省、全国的知名律师、中国一带一路律师领军人才，安徽省政协常委……老爷子鸡年写有对联贴在门上："闻鸡何须起舞，睡觉照样成仙。"横批"福由善生"。他对周围的孩子关心有加，发现问题及时提醒。我小妹中学一直在市二十一中上学，离家远，每天骑自行车上下学两趟，体力不支。我着急，曾带着小妹去永济上了一个学期初中，家父也顾不上管，老爷子出面逼迫父亲认真对待，父亲终于托人帮助小妹转学到稍近一些的铁路一中，应届考取了南开大学，小妹一直感恩干爹。

"神仙洞府洞连洞，书生门第门套门。"横批"乐在其中"，这是老爷子1979年贴的春联，对我们简易楼房加煤棚的大院生活描述得很是到位。

三代人的亲情

1975年我们和干爹成了中间隔两户的邻居。刚刚搬去的时候，他和牛妈就对我们伸出援手："缺什么尽管言语！”无微不至，特别热情！多年后，他们对我们家太多的好一句不提，总是提及他们两个双职工上班之前，我姥姥主动要为他们和面、擀面，好为他们下班后节省一点做饭的时间。牛妈和姥姥膝下都是女儿，虽是两代人，但找到了共同点：为女儿呕心沥血，助他人为乐。邻居朋友病了住院，干爹和牛妈给大院的孩子排班陪侍，牛妈做饭送饭。李清洲叔叔英年早逝，干爹悲痛不已，奋笔疾书，带头募捐救助，一定要让其孩子完成学业。

下乡扶贫，是我们很多人经过的事情，老爷子去了总是有故事，他的仁厚和才学，让他有了更多的忘年交，我也不是唯一的干儿子了，我成了“大儿子”，成了“弟弟”“余兄”，而他又增加了“干女儿”和“小干儿”。他下乡快结束时，还把农村的特贫户、一个双目失明的老汉带到他太原家里住，他和下乡的同事联系着去省眼科医院看病，为此全家染上了虱子，以至于牛妈洗涮的任务大增，牛妈也没有怨言。我在农村插队多年，知道这等事情的麻烦和艰巨，作为小辈还很世故地劝他，干爹很单纯很有激情，更不听人劝告，他就是要尽力帮助他遇到的困难人，他见不得眼前的人受苦。

干爹去世前半年住院，我让妻赶快送去听昆曲的小设备，我当时咳嗽发烧，怕传染给身上有管子的老爷子，所以我没有去医院。老爷子得知后，让我妻子用手机追过来一个电话："你一定要去正规医院检查治疗，切不可大意！"老爷子说话从来不啰唆的，这次他反复强调了三遍！妻子回来说，干爹知道你咳嗽，他打电话时面红耳赤，真是着急了！我说：我感觉到了……他病得很重，还关心着我们!

买木头做书架

20世纪90年代初，北岳文艺出版社在第一届领导的带领下发展迅速，买到了新宿舍，老爷子是主要领导之一，他终于可以离开"门套门"的简易平房了。书生、出书人也该有书房、书架了。当时他五十多岁，要做一个大书架是他还没有实现的梦想啊！这是大事也是高兴的事，我自告奋勇和他一起去买木料，因为我插队锯解过木板、运过木料。我们坐上去忻州方向的绿皮火车，到了郭阳镇的木料厂，厂长看到一个仙风道骨的文化人来买原木（当时没有板材），还是要专门做"书架"用，很是佩服说：“解板和运输都是小事情，咱们喝酒。我就是敬重你们文化人，你们家有多少书啊？”人家热情备了午饭，请干爹喝酒，几杯下去他脸通红，我急忙替酒，我想没有我干的活了，起码挡个酒吧！我知道自己没有量，能喝几杯也算有点用，喝了三四杯，我就满脸通红，摇摇晃晃。干爹涨红着脸说，哈哈，红脸关公！咱们真是一样啊！木材厂厂长看着两个红面大汉哈哈大笑，最后我们怎么回来的不太清楚，就是觉得自己一无用处，没有干上活，还替不了酒，晕得比干爹还快，不帮忙还添乱。半年后一方多木料终于变成了书架，书生终于有了书房，干爹那个得意和幸福写在脸上。剩下两块椴木板，牛妈非要给我，我用它做了几个相片框子，本色和纹理很是温润，相框定格着我的回忆。

带着干爹开同学会

2002年秋天，我动员干爹和我回永济，我是要参加在永济电机厂举办的同学会，当年干爹六十四岁，刚刚退休。我的同学都是理工男女，而干爹的特点就是随和可爱，和三教九流都能打成一片，同学虽然大都学电机做电机的，但是地处河东很注重文化，《名作欣赏》大家如雷贯耳，干爹很受大家的尊重。我们游览了鹳雀楼、蒲津铁牛铁桥，在西厢记故事发生地普救寺附近、在黄河边上他沉思观望，嘴里默诵着戏词，好像和古人对话，他突然说这里应当有个桥和长亭，那里应该有个禅寺……诗歌方面只有搞文化旅游的李良义同学可以和他交流几句。在万荣县，他爬上古老的飞云楼和秋风楼，因个子太高，脑袋碰到了楼梁，他目睹着黄河，咏诵两千多年前汉武帝刘彻的《秋风辞》，可惜我等没有足够的学识和他交流，我说地方上都有作家名士何不请来一乐？他说文化单位不容易，我们自己转转，不要给别人添麻烦。多年后，我遇到运城市文联主席王西兰和山西师范大学文学院院长亢西民，无意说出这次游历，他们很是埋怨我不告诉他们：我们一路走来，从文学爱好者到专业作家；从学生到大学教授，北岳文艺出版社、张仁健总编和他创办的《名作欣赏》给予了巨大的帮助和提携，能和张总编当面交流也是大家求之不得的啊！朋友批评我不灵活，我却理解干爹的用心。

2018年11月8日，在龙山殡仪馆，我们为干爹张仁健老爷子举办了隆重的告别仪式。江南才子深爱着北方这块土地，附近的绿色企业有他起的名、撰的联；他为西山万亩生态园的启春阁还写有长诗……当主持人说到“孝子跪拜”时，人群中的左侧跪倒了一大片人，很突然，也很自然，令人动容！

随后的第六天，我老母因为伤心事来得突然，悲伤过度，突然心梗中风休克，好在抢救及时。半夜十二点多了，张辉大夫及刘立平、姚军两位老总还在山大急诊室帮我忙着，我的这些好兄弟姐妹都是多年因老爷子才相识相知的。老妈一点钟苏醒，看着旁边的熟人说：“没有意思了！”

从此周末，我要老老实实地陪伴老妈，因为我再也接不到干爹约老妈出去打牌的电话了，最后一次（2018年11月2日周五）我接到干爹的电话是这样的：“超英，我那幅茶文化的对联可以缓写，因为茶馆老板在装修，大小尺寸还没有定；周日三点到三点半你送养珍（我老妈，八十六岁）到摩玛棋牌室。”老母亲，家庭妇女，没有同事朋友，干爹有什么娱乐活动和饭局总是不忘叫上老母亲。当时我没有告诉他我在南昌出差，我只是满口答应，周日（11月4日）妹妹按时送老妈打牌，隔天周二（11月6日）干爹仙逝。

老爷子总是想着别人，用心、用才学温暖着周围的人。老妈和我常常发呆，在这个城市里老妈唯一喜欢的外出活动，随着老爷子的去世戛然而止了。每当我们小辈聚在一起，我们仍然笑着没大没小地回忆着干爹的囧事，笑眼里满含着泪水……

2019年11月26日

我们的老干爹

/李桂琴

己亥农历九月廿九，周日。

以往这样秋阳暖照、风飒菊黄的日子，准会接到一通电话：

——“桂琴，下午耍一耍?”

——“好的，老干爹。”

——“那就下午三点钟，我再给别的人打个电话。”

这是外子的义父张仁健老先生约我去陪他打麻将牌的电话。而今，我知道不会再接到他老人家打来的电话了，他离开我们已经整整一年了。

外子与张仁健先生与其说为义父义子，我倒觉得不如说是父子之谊更为贴切。文学、影视作品中的义父多为有养育或知遇之恩，拜为义父。外子与先生起初只是同事，因惺惺相惜互相欣赏结为忘年。

三十年前，先生像我们今天这个年龄时，与外子一同赴静乐县西坡崖驻村扶贫，工作之暇，茶饭之余，荒村野老，不免因景起兴，流露出文人情怀，或各自吟诗作赋，或联诗联对。先生既自谑为“弃石”，外子便少年不知愁地慨为“弃子”。“弃石”为女娲补天之弃石，“弃子”为纹枰对弈之弃子。彼时武侠文学兴甚，二人又互称老、小英雄。朝夕相处日久，先生因膝下只有二女，提出认外子为干儿子。对此提议，外子虽嘴上未置可否，但心中便自执了父辈礼待之。

及至扶贫结束回城，我们也结婚成家，我自然被领进先生家门相认。因外子生性不爱称呼人，那时我们就不叫先生干爹，而是称呼他“老英雄”。因干妈姓牛，便称“牛妈”。后来有了女儿，自打会说话起，叫的就是“老英雄爷爷”“牛奶奶”。“老英雄”一叫就是三十年，以至于我的公婆、父母都称呼他“老英雄”，倒不提了本名。后来随着年龄渐长，感情渐深，我们有时就会自然而然地叫老干爹。

老干爹诙谐多趣，喜欢打麻将牌，每逢休息日，不分长幼，邀约喜欢的人一起打牌。那时我们年轻，孩子也小，常常举家应邀或者主动前往老英雄家里去打牌玩耍。牛妈极善、极勤、极耐心，从来不嫌乱嫌烦，还常恤我带孩子累，帮我照看萱儿。我们一家三口常常是又吃又住，时间长了，反倒比与公婆相处更多。那些年老英雄高兴起来常常爱唱“常回家看看回家看看，家里已经摆好了麻将摊摊……”或者是在打牌听口时就得意地模仿一段广告：“今年过年不收礼呀不收礼，收礼只收脑白金、脑白金！”起初，老英雄只是和外子他们一众男士打牌，人手不够时才会让女眷上场。有次三缺一我顶替上场，正打牌之间女儿睡醒了，我连忙撂了摊子跑去哄女儿，老英雄便说：给小鬼喝点酒，让她再睡睡。现在回想起来，让人失笑。女儿稍稍长大，喜欢上了“老英雄爷爷”的书房，大人们打牌时她能在书房安安静静地待一上午或一下午，培养了浓厚的阅读兴趣，莫不是怕了“老英雄爷爷”那句给她喝点酒？

随着时间推移，老英雄年岁越来越大，外子工作越来越忙，不得已的应酬越来越多，陪老干爹的时候越来越少，但每次接到老干爹的电话都会嘱咐我抽时间去看看，或陪他打打牌，直到后来老干爹不给他打电话，而是直接给我打电话了。再后来基本上都是干女儿、干儿媳一众女眷陪着他打牌。老干爹牌桌上还是当年那个

"老英雄"，风趣依然，每每听口之后便会说："看看你们谁最孝顺啊！"许是我们牌艺不精，顾自忙活着自己手里的牌，常常令他很失望，他却从来不生气。

老干爹长身玉树，喜欢锦衣美食。他原本是江苏南通人，20世纪60年代初北大毕业后分配至山西工作，依然保持着南方某些饮食爱好。曾听他讲起在晋南下放劳动时的故事：当年劳动休息，他发现田边的小河沟里游着小螃蟹（这里非得感叹一下那时的生态真好，北方的小河沟里硬是有野生的小螃蟹），便伸手捉了一只放进嘴里，直把旁边的老乡看得新奇，一下就传开了。有人不信，跑来让他再吃一次，这下老干爹的谱就来了，舒服地往田边一躺说：那你们去给我捉来。于是老乡一次一次捉给他，他也毫不费力就有了小螃蟹吃。那些年吸引我们常回家看看的，除了热闹的麻将摊摊，还有老干爹自制的醉蟹，海燕妹妹准备的上好红酒，萱儿爱吃的巧克力。后来因外子极喜醉蟹，每每垂涎欲滴，我就向老干爹讨教做法，多次尝试，比老干爹做的总是差那么一点点意思，不知是不是他老人家还留了一点点不传的小秘诀。今又蟹肥，斯人已去，再无处请教。

老干爹才华横溢，在戏曲研究和比较文学领域均有造诣。20世纪80年代初，一手创办了名刊《名作欣赏》，影响颇广。由于职业原因，工作时多为人作嫁，退休后笔耕不辍，先后著有《舞文杂辑》《鳞爪集》，去世之前一周陪他打麻将牌，牌局结束临走时对我说："桂琴，我的书稿整理完你帮我打印一下。"我说："好的。"不曾想那是与他老人家最后一面，一周后他便离我们而去。

老干爹走得太突然，突然闻听噩耗，如晴天霹雳，令人难以相信。彼时外子正在外地出差，匆匆赶回，悲伤不已。出殡时执了老干爹的领魂幡，不枉父子一场。

农历九月廿九，老干爹仙去一周年，作此文以为思念。

多年兄弟成父子

/刘立平

仁健先生是出版界的前辈。三十年前我们大学毕业分配到出版社的时候，仁健先生已经名满天下。那时仁健先生任北岳文艺出版社副总编辑，又是闻名遐迩的《名作欣赏》的主编，学富五车，风度翩翩，真的是迷倒众生。我们远远地看着，内心满是歆羡，私下悄悄议论说，像张老师这个样子，才配说不枉此生。

后来机缘巧合，与张老师一起下乡，在静乐待了一年，知道了生活中的张老师，远不像平时我们遥拜时那样高不可攀。他自号“老顽童”，称我们这些小辈“小顽童”，与我们在一起嬉笑打闹，全无年长者的矜持。他既然“为老不尊”，我们也就乐得顺竿往上爬，整日里没大没小地逗乐。玩笑开得过头，张老师便会扬起手掌，作势要打，嘴里还念念有词：“没规矩的东西，看老子不把你打个稀巴烂！”我们自知失了礼数，赶紧打躬作揖赔不是，这时候张老师便转嗔为喜，吆喝着给他捶背、捏脖颈，一派兄弟相亲的祥和景象。

虽然说竖子眼中无圣人，但张老师在我们心里，却始终是一个充满魅惑的存在。他自幼在江南的文采风流中浸淫成长，长成后又受教于名师宿儒，如果不是因为命运的捉弄流落到山西，又阴差阳错进了出版社，他十有八九会成为学贯古今、著作等身的学问家。在我的观念里，一流的智力到了出版社这种文化单位是很可惜的。好在张老师并不像我这样目光短浅，他有干一行爱两行的非凡品性，在苦心经营《名作欣赏》的同时，还一篇接一篇撰写精彩的文艺评论。张老师那一代人，对学问的尊崇是我们不能比的，这也再次印证了“一代不如一代”的古老箴言。张老师平日里诙谐不失雅正，幽默别具深意，其实是有学问打底色、作背景的。英国作家哈特利说：“过去，是异国他乡。他们行事处世不同于此时此地。”当我们回头看张老师的编辑、写作生涯时，也会生出这样的感慨。

现在读他以前写下的评论，很难与我们印象中的张老师挂起钩来——风流潇洒的竹林名士，何曾写过这样中规中矩、一本正经的文章！真是人生的“污点”。相比之下，我们更愿意品味张老师的诗词、散文，在这些或长或短的文字中，张老师漫不经心地流露着他的真性情，也是在这里，我们才看到了心目中的张老师。不用说，我们感到了亲切和温暖，就像与张老师把酒言欢时一模一样。

下乡回来后，时不时会与张老师一起吃饭聊天。久而久之，开玩笑的兴致慢慢减弱了，长幼尊卑的味道却越来越浓。我们几个人身上，也渐渐有了张老师的影子，他处世的态度，交游的方式，生活的兴趣，潜移默化地影响着我们。我们从心里敬重他，为年轻时的孟浪冒犯感到羞愧。我们都自认是张氏门下，与他情同父子，也不再叫他“张老师”，而称他“老爷子”。有句老话说“多年父子成兄弟”，到这里，正好翻了个个儿，是“多年兄弟成父子”。天下事就是这么奇妙。

每辞旧岁，老爷子都要撰制一副生肖春联。看得出来，老爷子是着实花了心思的。去年八九月份，老爷子说要在杂志上出一个专辑，将历年所制生肖联以书法的形式登载出来，并命我写“羊”年联：“漠北映雪簇拥华夏和平使节；岭南凝瑞绽放神州锦绣春城。”我字写得不好，但很愿意捧场凑热闹，哄老爷子高兴，赶紧找了纸墨笔砚练将起来。练着练着，心中起了疑惑：说是“羊”年联，这哪有个“羊”的意思啊？又想，老爷子一肚子学问，断不会无故着笔。细细琢磨，才明白了其中的蹊跷：羊性温顺，可不就是和平使节？岭南指广州，广州可不就是羊城？到底是老爷子，连编副对联都如此隐奥曲折，讲究个言外之意。人老不可怕，就怕人老有文化——这话说得真是太好了！

永远的生命的美

/续小强

那天上午，老余电话来，说“老爷子不在了”。我一时恍惚，觉得特别意外。因为，就在前一天的中午，他还乐呵呵地给我打手机，让我帮他找多年前写金庸的一篇文章，他说他的观点还能立得住，他要一个电子版。

竟然就是这么快，前后相隔，不到二十四小时，仁健先生就走了，阴阳两界，让人痛感无常。

安顿了一下事情，叫上贾老师、卫红，匆匆往家里赶。我们到时，家里人已经很多了，大家都在忙着，很有秩序。海燕两个眼睛红红的，她一定是已经哭了好多次，脸憋得都有点发紫了。

我很难受。我没有哭，因为我哭不出来。我只是觉得特别难受，但又不知该如何释放。屋子里满是人，我移到餐厅的窗户边，点了一支烟。看着走来走去的人，恍恍惚惚，一阵晕眩。那曾经熟悉的摆设，就有一些倾斜了。

因《名作欣赏》杂志，我和仁健先生才开始相熟。说时间，应该是在2009年春节后了。因为过节，老安请他和几位老同志吃饭，先生点名让我去；那一天吃的是涮火锅，喝的是玫瑰汾，他席间讲了下乡扶贫的一些趣事，彼时情景，直到现在，我还记得。

那一阵子，学文老师谋划着要改版。我一边写方案，一边泡在知网上，一期一期地往下扒《名作欣赏》的目录。扒上一阵子，或是电话，或是家访，就找他闲聊。他在杂志主政二十余年，各类人事经历自是极多极多的。对着扒下来的作者目录，听着他慢悠悠地讲古，我才意识到，这本杂志丰厚的血脉，更才觉醒到，自己过去读了一些书的价值。

人到晚年，大约会特别喜欢小孩子。人们常说隔辈亲，也许就是他对我的那种情态。我则对他，除了一点点工作的叨扰，其实更多的是一种内心特别的仰慕。不说别的，他“老北大”的光环，就极“从容”地晃了我好久好久。后来，我们就慢慢地熟悉起来了。他说我听，我说他听，兴哉优哉，每不知夜之将至。现在想想，那段时光，真是美好。有一点无邪的清澈，像两个孩子对着一片人迹罕至的大湖，幽深、苍茫而干净。

那天从龙山殡仪馆回来，大家都没有散，云燕代表家属对亲朋好友几日的辛苦表达谢意。听着云燕的话，我眼窝子湿了些。她说：我爸最帅，我爸最有才华，我爸最快乐。身为人子人父，我不得不动容。直到现在，我仍以为，这是先生奋斗一生所得的最高奖赏。

人说三十而立，我说三十而栗。因为先生的引导，我识得了好多人，懂得了一些事，知道了一点点世故和曲折。杂志三十年社庆，老王叫了朋友来照相，在文瀛湖畔，我和先生特意留了影。他端坐如前，我垂立其后，他眼神那么慈祥，而我现在回想起来，依然是特别的幸福和满足。如无先生的肯定，大约我会选择别样的路；如无先生的指点，大约我会选择另外的人。所以，到了北岳，我们越发地亲密了。他几次电话提醒，是实实在在地担心。那种温暖，难以形容。我带上希儿去看他，女儿遛着“奥迪”，我俩闲坐着抽烟，一边说着白云苍狗，一边笑看夕阳又红。

出殡前夜，贾老师走了，我说我要等姚远兄。他是先生的义子，我必须等他。我要看着他把我撰的挽联一个字一个字写出来。他比我强，进门就哭。我等着他慢慢定神，老余已经把纸准备好了。他说，拿酒来，要喝酒！我说好，我也想喝。我陪着姚远兄喝，极少沾酒的老余也端了杯子。那一刻，我似乎才体会到了一点点先生身上的那种超脱和散淡。我不及回忆先生“闻鸡何须起舞，睡觉照样成仙”的联语，姚远兄一副巨联已然挥就：北大才子名作开山德重书林人尊泰斗，江东雅士北岳攀峰行高梨园世仰先生。他说这是他写得最好的字。我想一定是的。他说老爷子看到这副联一定很开心。我想也一定是的。

先生走了许多日了。偶尔想起来，却并不觉得悲痛。我想，他这一生是坎坷的，但又是极幸福的。聊起他悲惨命运的大学同学，他若有所思，潸然泪下。说起自己的苦，却轻而淡，像抽一支烟，抽完就抽完了。他不曾很浓烈地忧过自己的忧，所以他才能那么快乐，顺手又收获了他一直以为的天大的幸福。

我识得他时，他已是飘飘若仙的样子，直到走时，他不曾改变，还是飘飘若仙的样子。我想，这就是他给我的永远的生命的美。

2018年11月27日午间匆草

爸爸没有走，

因为他的基因在我和姐姐的身体里继续生存和发展；

爸爸没有走，

因为他的精神和快乐在每一个接触和

喜欢他的人们身上发散和流淌；

爸爸没有走，

因为他的作品和文字会在这世上永久传扬；

爸爸没有走，因为他在我们心中永存。

* * *

2013年春节，与来自合肥的亲家及太原亲人大团聚

留得快乐在人间

/张海燕

爸爸仙去一年多了。这一年多来，一直想给爸爸写点什么，想说得越多，却越是无从下笔。最关键的原因还是对自己文字表达能力缺乏自信，似乎与张仁健女儿的身份不相匹配，担心一出手，会令天堂的老爸汗颜。好在，在我连续几天深深地沉浸在思念和回忆中却又不知从何写起的时候，鬼使神差地打开了一个尘封多年的密码文件箱，只记得里面藏着的是我大学期间和工作第一年写过的三本日记，万万没有想到珍藏在里边的还有一封大学期间爸爸、妈妈写给我的家书，仅仅看到家书抬头，爸爸写下的“海燕吾女”这四个字，便令我不禁泪目了。信中爸爸对于我写给他专谈“打麻将”体会的小文很感兴趣，他写道：“你几乎没有正式打过一次麻将，而能将麻将场上和人生舞台联系起来，揣摩体味出那样一番入情入理、见微知著的人生哲理，真使我赞赏不已，惊叹不已。我甚至怀疑，是否是我的遗传因子在发挥着‘特异功能’？否则，你怎能如此深得乃父之心呢？”我想，在这个特定的时刻找到这封虽被珍藏但却早已遗忘的家书，一定是天堂的爸爸看我迟迟难以落笔，巧使神力，将这封家书搬出来给我鼓励和信心吧。

现在，我终于鼓起勇气，坐在爸爸的书桌旁，试图把对他的思念和回忆，把我们一家人对所有给予我们关爱和支持的亲朋好友，爸爸的朋友、同事、同学、同乡们以及北岳文艺出版社的无尽感激与感动之情化成他一生最喜欢的文字来表达吧。

晚年的爸爸曾数次对我说：“我一定要给你们留点什么。”当时听到这句话，只隐约觉得号称自己“瓦无一片，房无一间”的爸爸留给我们最大的财富恐怕是尚留存在二营盘家书房中的一屋子书吧！爸爸离世后，翻看他的书和留在书桌上的众多手写书稿，我才真正明白他留给我们的作品和书稿成为了我们与他继续对话和交流的媒介，读他的楹联、诗文，看他的手稿，便依然能感觉到他的存在，感觉到他依然笑眯眯地和我们谈古论今，谈天说地。更为弥足珍贵的是他倾其一生积累的来自各方面的亲情和友情在他离世后更加温暖而浓烈地围绕着、陪伴着、感动着我们，令我们在爸爸离开后体会到许多的美好与不同的关爱。

我曾经对老爸年逾古稀之后，还日日伏案、笔耕不辍的行为并不理解，总想让他过我认为的轻松而舒适的日子，岂料，一向随和的爸爸在这件事上并不听我的。在生命最后的八年里，爸爸还陆续在2010年出版了《舞文杂辑》、2015年出版了《鳞爪集》、2016年10月至2018年10月历时近两年策划编辑《此世今生未名情》。2018年，又将2015年之后创作的诗作与楹联整理、汇编打印，并最终定稿了十二生肖联。

爸爸生前与我共同居住在太原万国城小区，他将居所中他的书房命名为“三恒书斋”，所谓“三恒”即描述万国城“恒温、恒湿、恒氧”的居住环境，但在爸爸心底深处更是用“三恒”来体现他对古今中外文学艺术恒久不变的爱吧。自2012年9月迁入新居至他离世，只要在太原，他每日定会有一段时间在书房中或伏案写作，或抚卷研读，在他离世的前一天，他依然在书房中度过了一段宁静而快乐的时光。

老爸一生为人作嫁，编辑工作可谓其毕生所爱。在他突然辞世后，北岳文艺出版社仍如期出版了他用两年时间策划和主编的北大学中文系1956级校友回忆录《此世今生未名情》一书，并在2019年4月19日上午在北大中文系举行了新书分享会。此书的出版给老爸为之奉献一生的编辑工作画上了一个完美的句号，也是对他最好的纪念和缅怀。同时，这本书也是老爸和他的那些年逾古稀的同学们作为北大的莘莘学子献给母校的一份最深沉的爱。

《仁心健在——张仁健先生纪念文集》的策划和出版，更是令我们全家无比感动和欣慰。若舞文一生的老爸知道他生后仍有单位和同事、同学、挚友们以这样的方式悼念他、纪念他，更会含笑九泉，因为爸爸自己也曾用同样的方式悼念他的挚友同窗。记得1984年，爸爸的大学同班挚友张继顺伯伯遽尔病逝，爸爸和彭庆生伯伯便将帮助料理逝者后事的重点事项确立为妥善安排其子张越舟的出路，并争取将继顺伯伯已零星发表和未发表的诗歌、曲艺整理出来集中刊发。1985年，在继顺伯伯去世一年之际，爸爸又约另一同窗挚友蔡根林伯伯专程赴台州区所辖的温岭石塘，在继顺伯伯的墓茔前哭拜悼怀后，将整理精选的近二十首（篇）新诗曲艺遗作交由《括苍》杂志刊发，同时，爸爸还写了一篇题为《一滴柔韧的水，一朵沉重的云》的序文兼悼文同时刊发。

将爸爸历经数年反复推敲并于2018年最终定稿完成的十二生肖联呈现在《仁心健在——张仁健先生纪念文集》附录中，亦了却了他最后的创作心愿。自1979年起，由爸爸自拟春联是我们家重要节日的传统和特色。遗憾的是，爸爸并没有将其近四十年来即兴发挥、自抒胸臆的自撰春联完整地记录和保留下来，只凭记忆在《鳞爪集》中收录了二十余副。去年整理爸爸的手写文稿时，发现他已拟好了亥猪（2019年）生肖春联三副。只是这三副联不能再由超英哥哥或姚军哥哥用他们漂亮的书法写出来贴在太原的家门上了。而爸爸最后创作定稿的十二生肖联也将成为我们未来的春节里照搬照抄的“特色”春联了！难道，老爸在创作这些生肖春联时早已料到我们这些不才儿女终究需要靠着老爸的才华将传承了近四十年的家庭文化传统继承下去吗？好在，两位书法家哥哥还可以用他们越来越精湛的书法保持和提升我们特色春联的书法品质。

这一年多来，2018年11月6日那个早晨不停地在我脑海中回放，成为迄今为止我人生中最黑暗的一个早晨。早上八点左右，家中阿姨白姐如常喊着老爸吃早餐，未见回音，便从老爸床头柜上拿了水壶和水杯过来，并告我老爷子出去遛弯了。听罢，我心头还曾暗喜，以为昨天精神欠佳的老爸休整一夜，精气神儿已经恢复了。我吃过早饭已近8点40，一边穿衣一边在心里嘀咕老爸今天出门时间似乎长于往日，难道是自己跑到小区对面的晋味儿去喝头脑了吗？边想边嘱咐白姐以后老爷子早上出去喝头脑时，一定要随行照顾。说罢，白姐便到老爸房间收拾打扫。在我已穿好外套行将出门时，白姐一声“啊，海燕，老爷子在卫生间”的惊恐呼喊声令我全身血液顿时凝固，感觉要出大事了！我冲到爸爸卧室自带的卫生间里，他穿着睡衣倒在地上，我边叫边试图抱起他，却发现依然温暖的老爸已没有任何呼吸和心跳了……

老爸仙去的头天晚上，我七点多下班回家，已吃过晚饭的爸爸坐在客厅，边看电视边跟我聊起关于金庸去世的消息，缅怀之余，想起2006年参加金庸学术研讨会时，曾写过一篇题为《观念局限突围与创作实践突破——也以金庸作品为参照鄙见浅谈》的论文，想再拿出来发表一下以资纪念。金庸的作品，是老爸晚年睡前必读的。聊过金庸，老爸向我讲述他一天的生活和感觉，那天天气寒冷阴沉，老爸未出行，精神一般，胃口一般，全天吃素，轻微腹泻，隐隐感觉左臂及胸口发凉，但无胸闷气短等不适症状。经向医生电话咨询，我给老爸量了双臂血压，没有明显压差，测了血糖，也基本正常。九点左右，老爸回房准备安睡，我与家里的三条狗玩捉迷藏的游戏，鬼使神差地藏到了老爸房间的衣帽间里，老爸坐在床上，一边看着四处奔跑搜寻无果的小狗队，一边喊着“猫儿猫儿叫一声”，给狗狗们提供线索。游戏结束，我带着三条狗从爸爸房间出来，轻轻地为爸爸掩上房门，这便成了我和狗狗们与爸爸最后的告别。这不经意间的告别轻松而温馨，一如老爸一贯的行事风格。

爸爸仙去的那一刻，应该是没有什么痛苦的。已经戴好的假牙，说明他晨起洗漱已毕；干干净净的身体，说明他缓缓倒下那一刻没有任何挣扎，遗容安详宁静，若熟睡一般。去世两个多月前，爸爸曾经跟我聊过他经历的两次“濒死体验”。一次是2008年在北京协和医院做了腹主动脉瘤手术，术后第二天因血氧饱和度低等原因住进了ICU，并在当天晚上出现了心绞痛现象，但爸爸说那天晚上他感觉整个人如升腾起来一般，飘飘欲仙；第二次是2018年8月底因泌尿系统感染住院时，高烧三十九度多，血糖也令人惊讶地突然高到了三十三，整个晚上他一边输液，一边昏睡，还非常配合地喝了整整一暖壶水。次日早晨，基本退烧，爸爸说他整晚感觉十分舒畅、轻松，故而他把这次病情危重的夜晚描述为第二次“濒死体验”。之所以想提及爸爸描述的两次特殊经历和感觉，是因为爸爸在绘声绘色地讲述他的特别经历时，依然是那么乐观，脸上始终笑眯眯的，丝毫看不出一丝担忧和恐惧。所以我坚信，2018年11月6日那个早晨，爸爸虽悄然离开了我们，但他走的时候仍旧快乐而潇洒，一如他在的时候；这一年多来，我和我的家人们也越来越坚信，他其实没有真正离开我们，大家只是换一种方式在心底里如影随形地在一起。可以说，爸爸是以他一生的福德修来了此番人世间的完美谢幕，乘风仙去。

老爸留在世间最后的视频影像是去世前整一个月10月6日下午在小区里和我一起遛狗时拍摄的，视频中的爸爸戴着浅灰色薄呢鸭舌帽，身着小蓝格子衬衫，牛仔裤，外罩一件土黄色牛仔布风衣，脚踏老妈买的休闲鞋，笑容可掬，英姿飒爽地健步走在金秋中的小区里，笑称他迈着的是仪仗队的步伐。也许，这个影像就是老爸希望留在我们记忆中的最后形象——永远风度翩翩，永远幽默睿智，永远慈祥快乐。

爸爸出生于江苏省南通市如东县，未足一岁，奶奶李文芝即因冬夜逃日寇入侵之劫难，受了风寒与惊悸，不幸染病辞世。爸爸和他的表姐张仁玉姑姑都是由他们的“大姐姐”张仁翠姑姑一手拉扯大的。仁翠姑姑为了照顾他们，直到四十多岁才嫁人且终生未育。爸爸对他的这位大姐姐的感情便如亲生母亲一般。“大姐姐”去世后，爸爸亦尽儿子之责，为其修缮墓地。爸爸1961年大学毕业后，在山西工作和生活了五十七年，晚年思乡之情日浓，七十岁到八十岁的十年间，爸爸会在每个清明节携全家回到南通老家祭祖扫墓，直到2018年的清明。

爸爸和妈妈的结合可谓江南才子与北方佳人的差异型、互补型良缘。两人年龄相差八岁，阴历生日却是同一天。妈妈出生于老太原的南郊区晋源南街村一户土改中失去了所有田地和房产的“地主”之家，两岁多便痛失双亲，年幼的她和姐姐与裹着小脚的奶奶相依为命，以至于妈妈年少时以为家庭成分中的“地主”一项是贫穷的象征。妈妈十二岁被山西省戏曲艺术学校破格录取，学习晋剧表演艺术，十六岁提前毕业进入山西省晋剧院成为一名晋剧演员，十八岁便主演了刘胡兰一角。十九岁在原平搞“四清”期间与爸爸同在一个工作队，爸爸是副队长，而这个副队长常常利用职务之便将妈妈训得泪眼汪汪。聊起和妈妈的恋爱史，爸爸总是不无得意地号称当年是妈妈主动追他。那时，妈妈经常悄悄地把爸爸床底下的脏衣服洗净，叠好，送回，而爸爸对这个“小丫头”刻意的表现几乎视而不见，甚至连个谢谢都没有说过。直到妈妈久追不下，不得已写了一封既是表白又暗含分手之意的信给爸爸，爸爸才恍然大悟，彻夜疾书给妈妈回了一封长信，并故意在信纸上滴了几滴水，假装悔过和不舍的眼泪。用妈妈的话说，她之所以追求爸爸是为了改良下一代的基因，让自己的孩子有文化。所以，每当我和妹妹有一点小小的进步和成绩时，爸爸都笑称是他的基因使然。

年轻时候的爸爸，一米八三的个子，体重却只有一百二十多斤，而且在四十岁之前，几乎每月都因扁桃体炎高烧一次，完全是一副弱不禁风的书生模样。妈妈说，在怀着我七八个月的时候，还是由她骑自行车带着爸爸。五十余年的婚姻中，家务活儿尤其是重体力活儿，几乎都被妈妈包办了；爸爸除了提笔舞文外，在家里一直秉承着君子动口不动手的原则，将他与妈妈之间的劳动关系与态度总结为“任怨不任劳”与“任劳不任怨”；而妈妈因家务繁重，偶发牢骚时，便被爸爸授以绰号“牛魔王”。爸爸还将妈妈的名字“牛凤娥”调侃为“牛粪上的蛾蛾”，号称自己是“一朵鲜花插在了牛粪上”。遇到妈妈脸色阴沉时，爸爸一般会如兄弟般跟我和妹妹一起检讨是谁犯了错令妈妈不悦。除了不理家务，爸爸常犯的“错”是贪恋打麻将。20世纪70年代住在山西人民出版社大院里时，爸爸常喜欢跟赵峰伯伯等一些老一辈的编辑们打麻将，往往是一场麻将过后，便引发一次家庭风暴，但爸爸终究是不思悔改。直至90年代初，成功地把妈妈拉下水，成为同台竞技的牌友。爸爸和妈妈十多年的麻将拉锯战也是触发我在上大学后专门写了一篇论麻将的文章的原因吧。在爸妈的一生中，无论贫穷与富贵，从未因经济问题发生过口角。爸爸的工资和稿费基本上是如数上交给妈妈的，偶尔，他也会把妈妈未掌握的稿费作为小金库偷偷夹藏在书里，最终不是被妈妈直接发现并缴获，就是时间久了，忘记藏在哪本书里，向妈妈求助时被分去至少一半。掌管着家里的经济大权，在晋剧舞台上光鲜亮丽的妈妈在生活中从不刻意打扮自己，从不舍得在自己身上多花一分钱，每天总是风风火火地从早忙到晚，有时脸都顾不得洗，被爸爸戏称为“天生丽质不用洗”。而从未掌控过家庭经济大权的爸爸，在妈妈的“打是亲，骂是爱”中过着饭来张口、衣来伸手的日子，被妈妈悉心照顾了大半生。2008年后，妈妈移情别恋于外孙钱胤然，和妹妹一家生活在合肥，爸爸虽不得妈妈时时陪伴左右，但一直被南北两地的亲友们当成“老爷子”“老干爹”敬着、爱着、陪伴着。2018年的元宵节，爸爸特地为他和妈妈的金婚纪念作了《金婚誓约》：

少壮难能身心醉，身疲心累倒枕睡。
厚积晚福应安享，轻别劳燕不偕飞。
雄尚家国兴盛曲，①雌务宗祚胤然垂。②
五十炼金未足赤，百千续缘梦不碎。③

---

①原注：本人老来犹耽于笔耕，吟诗作对，索居并州，自适自娱。

②原注：外孙钱胤然，为两姓单枝传人，尚未成年，老妻离巢南居，悉心照料多年，身心寄托后代之成长。

③原注：俗谚：“百年修得同船渡，千年修得共枕眠。”看来此生长年共枕之不足，只好留待他生续修吧！

爸爸写下这首《金婚誓约》八个多月后悄然离开了。2018年8月底至9月初爸爸做膀胱造瘘术时，妈妈一直服侍左右。不知冥冥中是否提前感知，爸爸出院后主动将三万元的小金库交给了妈妈。老两口最后的告别是在妈妈离并去合肥时，爸爸送妈妈到电梯口，说了一句："谢谢老婆！"这是五十多年来，爸爸第一次对妈妈这么说，妈妈顿时热泪盈眶。父母天长地久的爱情，不需要任何甜言蜜语。

爸爸用他天生的幽默与睿智为我们营造出一种自由、平等、和谐、温暖的家庭氛围，即使在物资匮乏的年代里，爸爸和妈妈也把家里的日子"烹饪"得有滋有味，红红火火。特别怀念20世纪70年代中期住在并州路出版社大院的日子，那个被爸爸称作"神仙洞府洞连洞，书香门第门套门"的家，承载了大部分少年时代的美好回忆。在那个院子里，我们体会了最和谐的邻居之情，有幸结识了余大中伯伯一家，爸爸和妈妈也荣幸地成为余伯伯孙子余昌华的"二爷""二奶"；那个时期，爸爸会常常骑着车，把老太原市面上本地人不怎么吃的对虾、墨斗鱼、猪下水和朝鲜的剥皮鱼买回来给我们改善生活；那个时期，爸爸每月拿回来的《世界之窗》和《奥妙》杂志也成为我了解世界，和爸爸一起探索宇宙奥妙的精神大餐。对于我们在学校的课业，爸爸似乎并不太在意，只要期中或期末考试成绩过得去就行，这样反而使我们有大量的业余时间看自己感兴趣的书。有爸爸这样一个贴心大朋友，我们在不知叛逆为何物的状态下长大并渐渐成熟了。工作之后，爸爸对于我的择业问题，也采取了“海阔凭鱼跃，天高任鸟飞”的不施压、不干涉原则。1992年，任凭我放弃在太钢当翻译的铁饭碗而成为一名外企职员。1996年，我又自学法律成为一名律师。妹妹在我的影响下成了一名比我更加出色的律师。两个女儿都成了律师，爸爸便自诩为“法律之父”，同时把继承他文学衣钵的愿望寄托在了外孙钱胤然身上。

我始终觉得爸爸是一个精神境界和层次非常高的人，越到晚年，他的眼中、心中越是充满阳光、充满美好、充满友爱，似乎没有什么事情会令他生气、抱怨。他曾经说：“我对自己好，就是对你们负责。”抱着这样的态度，他除了坚持以舞文练脑，以美食强身外，时尚的装扮、疏通经络的按摩和SPA，每个周末的快乐麻将等等都是他养心助兴的好帮手。爸爸的心思是不用猜的，子女和义子、义女，甚至是干女婿、媳妇们的各种方式的孝顺，他都无比快乐地照单全收，在他满足之余，也让我们这些做晚辈的真正体会到心安与相对的无憾。能成为爸爸的女儿，真的是幸运和幸福的。

爸爸走了，外甥钱胤然第一次梦到天堂的姥爷时，姥爷笑嘻嘻地从厨房拍着肚子走出来，坐在客厅的沙发上，说了一句“在一个阳光明媚的早晨”，这句话一直深深地刻在我的脑海里。觉得突然仙去的爸爸试图告诉我们在他离开的那个早上，他的心中依然阳光明媚，同时他也期望我们大家今后的日子依然可以阳光明媚吧！

爸爸走了，但他留给我们的来自各方的亲情与友情却丝毫没有因他的离去而减少，感动与感恩之余，只能以最诚挚的心向每一位在特殊的时刻给予我们帮助、安慰、鼓励的人致以最深厚的谢意。

在这里，要再次特别谢谢北岳文艺出版社、续小强社长、韩玉峰编辑，以及为此纪念文集的出版付出努力的所有人。纪念文集的出版无疑是对爸爸这个“从文一生”的老编辑最好的纪念和慰藉，此时的爸爸一定含笑九泉。

写给爸爸

/张云燕

从没想过第一次认真写关于爸爸的文章会是在这个世间再也见不到爸爸的时候。

我有一个身心特别健康，可爱至极的爸爸，北大中文系的才子，《名作欣赏》的创刊人，他能写能编，能吃能睡，爱玩爱笑。八十一岁了，虽然身手不算矫健，但是体检依然有一副好“心肠”。爸爸开朗，热爱生活，是我们快乐的源泉，所以，几乎所有识得爸爸的人都认为他应该长命百岁。虽然偶有病患，但我们从未将爸爸和离开这个词联系起来。说好11月18日爸爸要南下和我们住上一阵子，爸爸总是在秋天和大闸蟹约好时候相会。11月6日早上赶早出差，在高铁站接到姐姐哭喊着声音错乱的电话，说爸爸不知为何倒在家里，已经没有心跳和呼吸。我放下电话完全没有哭，打电话给医生，找急救视频发给姐姐，买我和妈妈回老家的机票……我没哭，因为我不相信爸爸会走，在我的意识和判断里爸爸不会就这么突然不见了，他肯定会好，肯定还会来吃大闸蟹，和我们环游世界。

爸爸没有再醒来。自己洗好了脸，刮好了胡子，戴好了假牙，上好了卫生间，可能就是因为突发的心梗干净整洁地去到了另一个空间。中午开始，当我意识到我真的再也没有爸爸了，眼泪和冷静开始彻底崩溃。

第二天见到爸爸是在太原姐姐家设的灵堂里，他安静地躺在制冷的棺木里，我看不到他的脸，却看到摆在香案上的照片里，他那么英俊祥和，满是笑容。家里满满都是人，山西的、安徽的、北京的、上海的、江苏的，甚至还有国外赶回的。事发突然，我和姐姐都不知所措，不知道要告诉谁，不想言语，也不想思考，一接到电话就哽咽而不能语。这些四面八方赶来的亲朋好友，都是在惊愕之时互相转告，而第一时间赶至。爸爸只有我们姐妹两个孩子，但是因为爸爸妈妈为人醇厚正直，乐善好予，因此无论邻里还是友人，都亲如一家，爸爸妈妈也自然而然多了好些个和他们一样有颜值、有才学、有爱心的干儿义女。于是爸爸有了“老爷子”这样一个众口一致的称谓。守灵的夜里并不寂寞，爸爸的“孩子们”围绕在他周围，烧香、磕头、流泪和思念。远道而来的和已经守了一夜的孩子们都没有睡，用各自的方式陪伴爸爸在人间的最后一程。

按照乡俗和传统，爸爸的送别安排在8日——他离开的第三天清晨。那一天正是寒衣节，是中国传统祭奠已故亲人的节日。初冬的太原寒意已浓，陪护灵车的儿女有六个人，送别爸爸的亲朋乘坐的双层大巴有三辆。当司仪说请亲属站在侧面，朋友同事站在正面的时候，一大片的人全都往亲属的那一侧靠拢直到站不下为止。闺蜜说当司仪喊晚辈跪下的时候，呼啦啦跪倒了几十人。得知爸爸突然故去，送来挽联、写来祭文、放声痛哭的络绎不绝。这其中有全国知名的大作家、书法家、大文豪，也有素昧平生的爸爸的读者和粉丝，当然也有我们这些虽文笔不精但情意无限的家人们。

追悼会次日，按照太原的乡俗我们再次去祭拜。大家开始少了些失魂落魄的眼泪，丰满的与爸爸有关的记忆慢慢成为了主题。比如爸爸担任编审，参加职称评定的人给他送来两瓶好酒，他怕年轻人心不定影响发挥就先收下，评定结束后有了好的结果又将酒退回；比如他会自发夜不能寐为我们律所和亲朋好友撰写各种节日和庆典对联；比如我小的时候他会调皮地偷喝我的牛奶再兑满水留给我；他有大智慧能够创立发行量超过十万的名刊，他也有小糊涂会把白鞋油当成牙膏还风趣地说保护牙齿更有效；他有大胸怀能够为国家兴亡尽匹夫之责而发文呐喊险被迫害，他也有小情绪在和妈妈吵闹发脾气的瞬间考虑扔出的只能是不值钱摔不坏的塑料盆……这些记忆充满了快乐，没有一件事是能够联想到他的这一生是苦的、痛的、不开心的，就连他的走也是如此潇洒，不给自己带来更多纠结、痛苦，不给家人增添劳累麻烦。如果说有一丝一毫的不圆满，就是他还应该在我们身边健康快乐地多生活个十年，给我们再多留下些快乐和美好。带着这些回忆我们围聚在舅舅的公司，看爸爸提的牌匾，吃爸爸喜欢的饭菜，走爸爸最后走过的生态果园，甚至晚上还组织南方赶来的亲属们一起观看山西的著名舞蹈剧《一把酸枣》。我们一边哭一边笑，泪水是对爸爸的思念和不舍，笑声是爸爸留给我们永远不散的精神和记忆。我们会聚集在爸爸遗像前和爸爸一起过双十一；我们会为家里突然出现的一只莫名小昆虫欣喜若狂，认为它是爸爸灵魂的化身或者坐骑；我们决定每年纪念爸爸的方式是成立读书会，将爸爸留给我们的那么多宝贵的书籍诗词好好细读学习，在爸爸的墓前分享体会，成立张仁健读书基金，罚最差，奖最佳。每个说到爸爸的人都是夸赞，无论老少，无论亲疏。曾经的邻居阿姨因为过度思念爸爸，情绪激动，甚至在爸爸走后几天内中风，不过爸爸保佑救护及时已无大碍。这样的祭奠已故亲人，也许是我们家独有的方式。记忆的笑多于离去的泪，因为我们确信爸爸一定在以另一种方式更健康快乐地存在，他一生已经给予我们的和希望继续留给我们的就是快乐。

写到这儿，我其实没有几句是在介绍爸爸的，因为我觉得看爸爸走后身边的人怎么送别他、怀念他、继承他，便能反映爸爸是怎样的一个人。他多帅看看我们姐妹便知道；他多有才华看看他留下的书籍文稿便知道；他多正直善良看看那些祭文挽联便知道；他多可爱看看送别他的亲朋好友的不舍便知道；他多快乐看看我们家人便知道。

爸爸是文学雅士，我和姐姐是法律战士。爸爸满腹经纶，著作等身。我们满脑法条，案卷等身。说实话，很惭愧之前没有好好去读爸爸的文字，因为好多字好多词都不认识不明白，也觉得读文字不如读爸爸本身。爸爸从小也不怎么费心我们的学习，他总是说“有基因就够了”。

爸爸没有走，因为他的基因在我和姐姐的身体里继续生存和发展；

爸爸没有走，因为他的精神和快乐在每一个接触和喜欢他的人们身上发散和流淌；

爸爸没有走，因为他的作品和文字会在这世上永久传扬；

爸爸没有走，因为他在我们心中永存。

我的爸爸——“仁健人爱”!

2018年11月23日

老爷子

/钱　力

立冬的前一天，岳父大人张仁健突然离开了我们，走得让我们猝不及防，甚至来不及让悲怆的情绪从心底涌上眼眶。好像他还像平时一样，安静微笑着参与在我们周围。

大家常常会模糊了对他年龄的认识，只清楚地感觉到他是一位年长者——是那种总是慈祥地听你说话，微微颔首，宽容、谦逊、友善到骨子里的年长者。大家都习惯地称呼他“老爷子”，就连与他年龄相仿者，甚至年长于他的友人也乐于这样称呼他。

老爷子对家庭倾注了全部的爱。20世纪60年代初，从北大中文系毕业的他来到山西太原，与我岳母相识并成家，一箪一食、一碗一筷地建设着小家庭。在几十年的风雨艰辛中，他总是以特有的“文人男子汉”的方式体现和表达着他对结发妻子的爱，从没有争吵或用强。他很多次乐呵呵地阐述着他的逻辑：“不跟她计较，好男不跟女斗”，并戏谑“她为改良下一代的品种，看中的就是我的才华，我要是和她吵了，岂不是体现不出素质，着了她的道儿”。奇妙的是，他这样一个籍贯江苏的“南蛮子”，在几十年的北方生活中，却成功“统战”了世居山西的岳母身边的所有亲朋好友。但凡有意见分歧或相左，大家几乎都是齐刷刷地站队“老爷子”一边，场面既壮观又滑稽，往往以岳母在啼笑中“被和谐”而收场。老爷子有两个女儿，取名海燕和云燕，并把这个如燕衔泥般建设起来的小家庭称之为“燕窝”，舐犊之情溢于言表。海燕和云燕继承了他的学养和聪慧，成了优秀的律师。他颇以她们为荣，戏称自己是“张家的法律之父”。住院手术后，云燕从外地赶到医院，平时谦逊的老爷子主动向病友和医生们介绍“这是小女……”大家都说那是他入院后最精神的时刻。老爷子是一个很不愿意给别人添麻烦的人，对待孩子更是如此。也正因此，工作忙碌的我们常常会忽略了他无声的存在。而同时，八十高龄的他仍然在认真而笨拙地为我们付出，他从不在八小时工作时间里给我们打电话，每天晚上回到家中，都会看见客厅里他留亮的一盏灯……老爷子视小女云燕为掌上明珠，我曾问他当年为何择我为婿，他不无得意地说：“你第一次上门时，我就看出你对我满墙的书爱不释手，心想这小子不错，而且我这些书典衣钵也有传人了。”他每当向人介绍我时，总是不忘用略带南方口音的戏剧腔调说：“这是我的驸马爱婿。”殷殷之情，让我感念不已。老爷子在家庭里就是这样，从不刻意张扬，春风化雨，润物无声，而我们在他所营造的乐观、祥和的氛围中，涵养着对于家庭、生活、社会的理解和认知，体会到人类传承的绵绵之力。

老爷子总是亲和、友善地对待人和事。翁婿相识二十三年，我从没有听到他攻讦、埋怨和唠叨，有时我们偏激地指谪世事，他总是说：“哎！不要这么认为……”谈完他的观点，又总是用那种微微颔首、眼含笑意的表情看着你，让你不自觉中觉得他是对的。其实，从北大毕业来到山西，和同时代的很多人一样，他经历了很多坎坷，分房、提职、评职称等凡务俗事，也一样让他的人文情怀屡次碰壁，生活并没有因为老爷子的友善而格外善待他。而这些波折与沧桑，他从来没有主动提起过，我们反倒是通过他的同事、朋友和学生知道的。因为在他的友善中生活得久了，我们也觉得一切都很自然，自然地觉得他那一米八几的高大身躯虽显笨拙，但确实有着高于常人的容量。他有一个多年的习惯，吃饭时下意识地用筷子不断地拨弄碗里的菜，而只要是外出吃饭，他就会因同桌有客人而克制这个动作，有时看见他像孩子般收回伸到半途的筷子，露出顽皮羞怯笑容的样子，全桌的人都忍俊不禁。老爷子就是这样友善而细心地在意着别人的感受，而且在意得不做作、不隐忍，让大家都在自然的欢乐中体验到人情的温暖。现在，一叫“老爷子”三个字，我们仿佛就能呼吸和感受到那种温情友善的氛围。

老爷子也有坚毅刚强的一面。在那个是非混淆的动荡年代，在下放和牛棚的艰苦环境里，他却始终没有服过软、认过输，还不惧“连坐”替年轻些的同伴扛活顶过，受了不少罪，但也结下了生死之交。他曾经看见自己的学生遭到不公正的待遇和处罚，挺身而出、仗义执言，自己因此受到了处理。回忆起这些，他往往没有平日的微笑，只说着：“学生没有错，我没错。”那样的语气出自他这样一位孑然的文人之口，可以想见内心是何等的苦楚和笃定。在生活中，老爷子亦有此一面。在我与云燕恋爱初期，因我过失在先，难以得到谅解，赶到太原赔礼也被拒之门外。关键时刻，还是老爷子力排众议，力挽狂澜，并亲自来到我住宿的小旅馆，把我领进家门，让我们重修于好。在后来情深恩爱的家庭生活中，老爷子时常会不无得意地说：“还是我在关键时刻‘挽救了革命’啊……”他让我清晰地感受到，其实真正文人的骨子里，都驻留着一股侠风士道。

老爷子对事业很热爱。他说，文脉是中华的根脉。他给自己铆定了中国文人的风骨和使命，总是在惦记和实践着，想把更多、更好的文学作品更直接、更有效地传递给大众。家人都知道，《名作欣赏》是他的第三个孩子，他对这个幺儿倾注了大量的心血，也让他赢得了许多读者，特别是文学爱好者的尊重和喜爱。即使是在多媒体兴起，碎片化、快餐式阅读充斥的情况下，他依然坚守着阳春白雪的文学定位，不仅没有不合时宜，反而显现出笃定的珍贵。老爷子的口袋里常会有一些纸片，上面没有规则地写着字迹，他说年纪大了，半夜常会醒来，有了些灵感，怕后来会忘记，赶忙记在纸上，隔些天再做整理。每年春节，他都会早早地为家里构思好春联的内容，新春家里贴的春联总是独而不同的，后生们贴起来心里会有种喜庆之外的自豪感。逢着亲朋好友生日、乔迁，或添口起名，老爷子都会欣然创作，用文字来传递吉祥和祝福。老爷子出生的南通是匠人之乡，他从内心把自己定格为一个十分虔诚的文学匠人，以文字之巧来装点生活，以文学之美来善待他人，以人文之仁来面对人生。

老爷子的溘然离世，对于我和家人是巨大的创痛。我们会以他润物无声中教会我们的态度，来面对他的离世。“老爷子”这声称呼，连同他戴着鸭舌帽，风度得体的衣着，慈祥的音容，颔首的微笑，将永远和我们在一起，温暖地在一起……

谨以此文，深切悼念我敬爱的岳父大人！

2018年11月11日深夜于合肥

忆哥哥

/张　茼

回忆逝者，对于老人来说是件痛苦事情，特别是追忆我突然仙逝的优秀哥哥，更让我思绪万千，眼含热泪，心情难以平静……

小时候的哥哥就是个懂事的孩子。我们祖籍是南通掘港大户人家，哥哥生母去世早，大家都对他疼爱有加。父亲跟我讲过这样一个故事，有一次天空忽然下雨，大家都忙着收自己衣服，年纪小小的哥哥自己收不了衣服，聪明的他迈着不太稳步伐，一路小跑找到家中用人，对她说："请把娘娘（如东人把母亲叫娘娘）衣服收好!"我妈是哥哥后妈，他们之间感情特别深厚，哥哥的行为得到大家的赞扬。

我四岁从掘港乡下回到老家大家庭，当时父母和姐姐都在南通，我是家族同辈中最小一个，哥哥充当父母角色，关爱我照顾我。记得那年夏天晚上，我哥和仁玉姐，让我坐在小藤椅上，教我背族谱逗我玩，每当我回答正确时，哥哥用他那有力的手臂把藤椅连同我高高举起，仰头看到满天星光令我兴奋无比，感觉自己是长上翅膀的小天使飞向宇宙……当哥哥知道我关在家中感觉无聊时，带我到他学校里去玩，走在弯弯小路上、过小木桥、摘着路边小花、逛零食小店，让我大开眼界，应接不暇……哥哥是谦和的，每当我调皮捣蛋，犯错时候，哥哥从不发脾气、从不怪罪，替我遮掩，成为我的避风港。好愉快的童年，这些都成为我最幸福的回忆!

哥哥是有担当的，记忆最深刻的要算大哥仁渠深夜打我之事。哥哥、仁翠姐和我三人睡一床，我和仁翠姐睡一头，哥哥睡另一头。有一晚上，大哥仁渠发病（仁渠哥小时候生脑膜炎），跑到房间找我，哥哥一把把我拉进被窝里，小声吩咐不管发生什么都不准发声，仁渠哥来到床边抡起来就打，哥哥挺身坐起，为了保护我受伤，看着哥哥受伤的胳膊，我落了不少泪。

哥哥是优秀的，学习成绩好，小学、初中跳级，高中考取市重点百年学校南通中学。也许是受父母基因无形遗传，或从小受家庭、社会文化氛围的熏陶，特别喜欢写抒情诗文，考初中时的命题作文全县第一。毫无悬念，哥哥在1956年考上北大中文系。哥哥上高中期间，每逢星期天回家，知道父母工作忙（我们父亲是启秀中学语文教务主任，母亲是小学校长），先帮父亲批改学生作文，每每批阅恰如其分，得到严厉父亲好评。哥哥是个大孝子，有一次，哥哥可能有事，不知与父亲说了什么，惹怒父亲，他二话不说立马给父亲跪下认错。

哥哥是豁达、乐观、睿智的……

哥哥你是父母的骄傲，我们的榜样，如果来生有缘，希望还能做您的妹妹！

小妹茼茼

2020年2月23日

缅怀仁健堂叔

/张　岩

清明即至。我深切缅怀堂叔张仁健。

叔虽长我一辈，但年龄仅长我五岁。

叔自幼虽失恃,但是没有缺爱

我们老张家四世同堂，我童年时代与叔相处相伴。那时家里开一爿杂货店，店号“仁泰昌”。曾祖父立下的家训是:“仁者仁爱，家泰业昌。”祖辈父辈们都恪守不渝，一家十几口人都相处得十分和睦。兄弟间不分彼此，总是互谅互帮。

我知事时，叔的父亲在外地讨生计，而叔不足一岁时母亲就因病去世，叔在这个大家庭里仍然感受到浓浓的爱。当时未出嫁的姑母那颗慈爱的心全扑在叔的身上。衣服鞋袜无不出自姑母的一针一线，一日三餐都是姑母仔细打点。叔自幼就有夜读的习惯，也是姑母陪伴。叔去南通上学了，姑母已近四十，才嫁人成家。以后，叔去京读书放假或是参加工作以后回到故乡，仍然乐意投靠在姑母的家里。姑母为了迎合叔的口味，总是千方百计寻找叔最喜爱的海味。他们哪里是堂姐弟，俨然就是亲母子！

叔的另一位堂姐也视他同胞弟弟，陪他读书，陪他嬉戏，不让他感到孤寂。20世纪60年代前后三年困难时期，正当叔的青年时期，定量粮食不够吃，这位堂姐同样不能吃饱，仍然省下粮票寄给叔。姑母到了上海，叔每次去沪也是必去探望。

叔的父亲在外地，他的生活和上学费用，完全由我祖父毫不迟疑地承包下来。那时祖父小店十分萧条冷落，经济十分窘困，三餐只能改为两顿，只有叔是例外。祖父说，叔正是长身体又上学的孩子，不能饿着他。而背地里对人说叔聪明、懂事、稳重，是老张家的希望，将来是做学问的。祖父没有送我父亲同胞兄弟四人和两个姐姐进入过正规的学校。我的父辈们知道祖父偏爱叔，却都说叔是读书的料，为叔花钱上学值得。

叔天资聪慧，并得良好启蒙

叔的生母就毕业于师范学校，做过小学老师。在20世纪初我们这个县城里是极少见的。叔的父亲从上海大学毕业后，曾在县城小学担任督学。

我的祖母应该说是叔的启蒙老师。祖母出生于秀才之家，出阁前还做过两年私塾先生，也是我们这个地方的佳话。她写得一手秀丽的蝇头小楷，闲时便吟诗作赋，梳桌少的是梳妆用品，却堆积一叠叠线装书籍。当我在天井疯玩时，或看见叔依在祖母身边全神贯注地听讲，或看见叔端坐在梳桌前一笔一划地认真习字，或看见叔斜靠藤椅上捧着线装书在读着。祖母的闺房，仿佛就是叔的乐园。祖母叫背诵《大学》《论语》及唐诗宋词之类的，那琅琅流畅的童音都会赢得大家交口称赞。

叔上学以后，除体育课勉为其难外，门门功课都很好，作业本干干净净，书写工工整整，这些都是我父母拿来教育我的范本。特别是初中后的作文，每篇不知道哪来的那么多写的，每篇作文都得到老师好评，给予了一连串一连串的“红烁圈”。因为文章写得长，所以每学期一本作文簿是不够用的。由于叔出色的成绩，初中毕业后，顺利地进入当时最好的南通中学学习。

叔在南通学习三年里，我的伯父经常了解他的学习和生活情况。我当时也在通上初中，伯父常用叔勤奋的学习精神和出色的成绩激励我。他不负众望，果然毫无悬念地考入了他理想中的北京大学中文系。

叔性情温顺平和，总是知恩图报

凡认识叔的人都会留下他和蔼可亲的印象。他总是对人笑貌相迎，软声细语，幽默应对，使你不由自主地觉得接触到一位可心的智者。他温和的性格决定了结婚成家后的家庭气氛。当你走进到他的家里，就会感受到什么是真正的和谐、欢畅。

叔有浓重的思乡情结。从20世纪90年代起，城镇化建设加快，家乡发生了很大变化，他都会向我要些建设成果的照片。如新火车站，人工岛，二十多公里的跨海大桥等等。叔每次回到如东，不仅会拜见当地领导，更会仔细打听原来邻居故旧的住所，询问身体怎样，有些什么后人，工作如何？并且只要时间许可他都要去一一登门问候。故旧邻里们都说他学问好、人也好，有礼道。大前年，与叔同学十二年的董老师病重，那年叔已八十一岁高龄，得知后，在那个雪盖满地隆冬时节，立即从上海赶到如东，一下车就去看望。董的一家都感动得不能自已。

叔每次回乡走访他的母校，无论是小学，还是中学，是必需的程序。看看学校的变化，拜见学校的领导，找三五同学聊聊学业，询问他们喜爱的书籍，勉励他们发奋。叔关爱家乡的人，也爱故乡古迹和变化。老家原址西侧的石牌坊，南边的救济院的池塘，东面数里后来移迁到西南边相传唐代建成的国清寺……都是他凝神注目的地方。他说，山西是全国的古迹最多的地方，山西的亲人们待我真好。但是故乡湿润的风，咸咸的水，温暖的情，永远也不会遗忘。他对先人的孝，更体现了叔温热的心肠。

叔从沐浴着仁爱的旧家庭走来，一度饱尝孤身在外的凄苦，更深切体会家的可贵。他爱山西的家，爱凤娥堂婶，疼人中之凤的两个女儿。然而，叔的心里一直装着“仁泰昌”门中给他的温情。退休后每年清明都不远千里，不顾旅途劳顿回来扫墓祭祀，直至去世当年清明还说，我明年仍然要来祭扫祖墓。这些年来他独资迁坟修墓，从他祖辈起至我姑母的坟茔一一修缮一新。同时邀集故乡的家里所有人在一起体会亲情。他说：浓郁的亲情、讲究孝道都是中国人不同于世界别的国家民族最优秀的传承。有这样的传承才能凝聚一个家、一个民族、一个国。我们千万不能忘怀！

叔仙逝一年多了。可是，我觉得他没有走远，他的音容笑貌仍然留在我的心中。

追忆二姐夫

/李培文

中国的家庭组合里，“二姐夫”这个词可亲、可近又可远、可疏。在我的这个家族里有一位可亲可敬的“二姐夫”，就因为有了你，而使得我们这个家有了变化。我们家的二姐夫，从老人到小孩，从亲戚到四周邻居，从同学朋友到工作同事，无不夸赞，无不竖起拇指，无不点头，无不崇敬。这些荣誉的得来，都是二姐夫一步一步走出来的！

曾在20世纪60年代初，从我听到张仁健这个名起，我心目中就觉得他是个不得了的人物。在“文化大革命”大宣传、大鼓动、大辩论时期，当时的五一广场，主席台上，只见一个身穿白衬衣，腿比较长，穿着兰布裤，一米八几的青年，大声宣讲着。记得你的演讲声情并茂，激情澎湃，言语滔滔，以理服人，抑扬顿挫，引经据典，句句铿锵，极具感召力。我仿佛看到电影里的鲁迅在演讲；仿佛听到“五四运动”中李大钊的呐喊；仿佛感受到《青春之歌》里的林道静在呼唤。你的演说令我心潮澎湃，四处打听此人名姓？身住何方？混乱中听到人叫你张仁健，你是北京大学毕业的学生，你让我佩服！心中有说不出的崇敬，是可望而不可即的人物。

再听到你的名字，是在我二姐工作的晋剧院。有一天和锅炉房的师傅谈到牛凤娥，大爷直言不讳地说：“你二姐有眼力，找了个有文化的人，还是个地地道道的南方人。”当得知你是我二姐夫时，我可真高兴，自己敬佩的人要成为我们的家人了！

一天，我骑着破旧的老式永久自行车，走在曲曲弯弯的狭窄的王家巷胡同，当推车走进王家巷的一个大杂院时，迎面走来一个个子高高、满脸微笑的、我心目中的了不起的人，他就是张仁健。你那么和蔼可敬，从此我们就是一家人，站在你身旁的我好似也成了文化人了。你是我的榜样！你是我永远学习的榜样！我将从此抬头望着你。

你是南通人，虽不知南通是什么样，可知你一定在我们北方生活习俗上是受了大委屈，最起码不能天天吃大米，就是你最大的委屈。可你为了爱，改变了许许多多的习惯，忍受了种种不适，和谐地和我们生活在一起。

过去的日日夜夜，你走过坎坎坷坷。你为我竖起了一块丰碑。你的人品，你的性格，你的学识，你的为人，你的人格，都使我终身难以忘怀。

静心细思，你在我眼前走过，留下了很重很重的印记。常想着和你一起吃饭时、喝酒时的音容笑貌；想着和你打麻将时，你认真欢乐从不服输的愉悦。如今，这一切的一切都已成为过去，但你的品格及为人将永驻我心。你是我学习的人！永远学习的人！

追忆我们的二姐夫

/王选杰

前几天小梅微信问：对于二姐夫的辞世可有什么要写的？细思之后，总觉得这不是开国际玩笑吗？二姐夫生前那是有名的北大才子，戏剧评论家，当代名作的斧正者，哪轮得上我这个刚脱文盲的老工人谈感想，这不是让我光屁股推磨转圈丢人吗?！可反过来寻思，我们大家与二姐夫的多年交往，这个大文豪从没有眉高眼低这一说。所以，索性对二姐夫这个仙逝之人说上几句，还请二姐夫在天堂不要埋怨，也请众亲朋当世勿要嘲笑。

二姐夫名张仁健，南通人，瘦高个子，温文尔雅，学识渊博，和蔼可亲。子辈谓其“老神仙”，我辈戏称“老顽童”，从称呼上可知其平易近人，是我连襟。

二姐夫辞世突然，大家都万分感慨，我亦在心里给二姐夫拟过一副对联，横批是“纯粹之人”，联语为：“一生无有欺心事，直面阎君胆不怯。”虽有此想法，但咱也自知文思笨拙，不敢、也羞于示人，这是我真实的想法。用二姐夫生前的话说：有朝一日我死后，只愿我的墓碑上写的是：这里埋葬的是个人。二姐夫是这样说的，同时也是用他的一生去诠释这个“人”字。

二姐夫平易近人，老幼皆和，在我的印象里从没与人红过脸。当然偶尔发一发牢骚，道一道委屈还是有的。因为他是南方人，且具有南方人的特质，生活习惯、言谈举止、饮食起居与之北方人的粗犷是有差异的。南方人说话文雅，思维细腻，饮食精细，难免在生活中与北方人有出入，这一点我们都是能理解的。

二姐夫生前常来我家，每每与我父亲唠起嗑来总是文人投契，言语无束，以致我父提起二姐夫总是老张如何，老张怎样，似乎他们是同辈，无形之中压我们一辈，闹得我们反而有些尴尬。但二姐夫总是叔长叔短，不失礼数。二姐夫与我父亲年龄接近，辈分不同，都是大学毕业，二姐夫是主编，我父是教授，一个称文坛泰斗，一个是学科奠基者；他们同为劳动模范，虽辈分不同、年龄差异，但一见如故，他们在一起总有说不完的话。想当年二人一起旅游，一同开会或是一起打乒乓球，一起晒日光浴，多年交往情感颇深。当二姐夫去世噩耗传来，我父这个年近九旬的叔叔老泪纵横，以至于我们不敢让其参加二姐夫的葬礼，很是担心触景生情出意外。

每当说到二姐夫，我爱人总是回忆起她对二姐夫的初始印象，那是1968年正月吧，二姐与二姐夫刚结婚，去晋源看姥姥，带去的喜糖给了她一把，另外还给她买了一个琉璃咯嘣，她特别喜欢，还把它挂在姥姥家墙上，生怕碰碎，以至于几十年后的今天，仍记忆犹新。

二姐夫的爸爸是1974年第一次来太原，也是唯一的一次，当时七十二岁的老人从南通到太原看望儿子，不容易呀！为了迎接亲家翁的到访，她们家抓紧准备饭菜、整理床铺。初次见面，老人的个头没有儿子高，但特别精神，脚穿黑皮鞋，一尘不染，裤子笔直，戴副眼镜，给人一个文质彬彬、精明干练的印象。全不像是一个七十二高龄的老年人。

我与二姐夫的接触是1980年左右，当时人们的居住条件不好，二姐家住在当时广场旁边的出版社院里，在一座二层楼房的北边有一间房子，他们在原房子的前面空地上分几次续建了几个小房间，因不是一次建成，所以房子是一间套一间的，虽然面积不大，那也是四五间相套。记得有一年春节去串亲戚，二姐夫领我看他写的春联，粗略记得是："神仙洞府洞连洞，书香门第门套门"，横批"乐在其中"。说得很现实，比喻也恰当。这是我第一次领略文人的雅思，特欣赏。这大概是二姐夫楹联作品初始作，所以印象较深。此次之后每有新作二姐夫总要给我几本，受益良多。

以上几件小事，当应看出二姐夫的聪慧才思是多么的敏捷，为人是多么和蔼可亲。二姐夫待人接物，总是温文尔雅，工作兢兢业业，虚怀若谷。但这并不说明二姐夫总是难得糊涂，他对社会上的尔虞我诈、钩心斗角、唯利是图等丑习恶行也常常义愤填膺，要么怎么有碑文写"人"这么一说。

当然要说二姐夫的主要事迹，还得是他的文学方面的建树。由于我与二姐夫的文化不在一个层面上，实在没资格去议说，只能略述生活上的些许小事。就这些我也感觉是光屁股赶贼胆大不知羞。

总之，管它是不是班门弄斧，不吐不快，略表对二姐夫这个带给我们不少欢乐的"老顽童"一点追忆。

愿逝者：音容惧留。英灵不灭。

2020年2月

不会忘记

/王　迪

张姥爷离开我们一年多了。他离开的那天，妈妈给我打电话哭着说："张姥爷走了。"正在赶论文截稿期的我愣了一下，和妈妈反复确认："谁？"

在我的感觉里，是完全无法将张姥爷与"离开"这两个字扯上任何关联的。明明，他是那么爱玩、爱热闹的老顽童；明明，每次相聚的时间从头到尾都是欢笑；明明，几天之前，爸妈还去陪他打牌聊天，告诉我他老人家精神状态恢复得不错……那一天接下来的时间，我不太记得是怎么度过的。夜里，等博士宿舍最后一盏灯暗下来，整个世界静寂无声的时候，我才明白过来，又一位爱我的老人永远地离开了我。这意味着，我再也没有机会搀着他走路，他再也不能对我说一句温暖的嘱托了。我止不住失声痛哭。

生活一天天推着人前行，从备战高考开始，爷爷、奶奶、姥爷相继离我而去，我一度觉得自己已经变得像一个成年人了，可以足够坚强，可以面对离别，甚至可以变成家庭中一个小小的支撑，去成为父母的力量。前些日子重温《寻梦环游记》，很多回忆涌上心头，难忍悲伤，觉得有必要在这个人生时刻，记录些什么。

小时候爸爸工作单位离家远，妈妈工作也忙，我得到了很多长辈和老人家们的关爱。因为住在同一个院内，大家相互照顾，亲如家人。在不懂事之前，我时常觉得疑惑，为什么我有这么多姥姥、姥爷。对张姥爷的印象，最初就是高高大大又极其有趣的老爷爷，长大一点，看到张姥爷各式各样的帽子围巾长风衣，换着样儿地搭配，每一套都极有范儿。那时候我称呼张姥爷是“老帅哥”，再长大才明白那是他丰富的人生阅历赋予他的气质。是啊，北大中文系高才生，《名作欣赏》杂志的主编，多部专著和经典文章的作者，每一项履历摆出来，都足以让人钦佩。在出版界，他是包括妈妈在内许多出版人敬重的老前辈之一。惭愧的是，直到张姥爷离世，我才意识到去了解他的过往，也越发感觉遗憾，在有机会的时候少了太多的交流。

我在出版社院里长大，并没有按照常理走上文学这条道路。我打小就坐不住，风风火火，以前爸妈带我去张姥爷家，他们聊天和打麻将的时候，我时常也会被张姥爷放在书房里。但多半时间，我总能找到一些除读书之外奇奇怪怪的好玩儿事情，因此，姥爷称呼我“小捣蛋”。长大后我反而变得安静，直到现在还赖在学校里不想离开，成了一名管理科学领域的科研者，也算是没有辜负张姥爷的嘱托：要多读书。

从上大学开始，我一直在天津，今年已是第十个年头，后期和张姥爷、牛姥姥的见面也逐渐变成了以年度为单位，更多的时候是从父母口中听到与“老爷子”相关的各种消息。每逢过年，大家都会聚在一起，我和萱萱从小一起长大，每年向张姥爷和牛姥姥两位老人家汇报学习进展，并接受下一步“成长指示”，这已经成了惯例。如今回想，仍然能够忆起当时说话的那些语调、画面，倍感珍惜。遗憾的是，今后的成绩，没办法再向他老人家当面汇报了。

我想，对于我们隔代的孩子辈而言，可能很难真正深入地了解张姥爷的全部人生。增加了各种前置描述语的张姥爷，甚至让我觉得有些陌生，这还是那个我认识的老人家吗？可是仔细想想，我却又好像早已用另一种方式理解了他，张姥爷知识的深度和宽度，让我看到多维的人生是那么有魅力；海燕二姨和云燕小姨一直以来的努力和成绩，让我从小就明白人生要去追寻，要发光；张姥爷生前众多惺惺相惜的知己朋友、义子义女，以及他帮助过的后辈们，在他离去的最后时刻，从世界各地赶来为他送别，这样的人生，让我明白什么是“活过”与“值得”。而这些认知，何其有幸，成了我成长和生命的一部分。《寻梦环游记》中说，死亡不是永久的告别，忘却才是。请放心，我们都不会忘记您，或许我们只是换了一种方式继续同行，彼此陪伴。

干孙女王迪于并

2020年3月

小奥的“假”姥爷，我的“真”姨夫

/郝　卓

看到这个题目大家脑海里肯定对这个“假”字充满了疑问或感叹，疑问世界上居然还有“假”姥爷这个称谓？嗯，有的，这个称谓是我们这个独特奇葩的大家庭创造出来的。自打小奥出生后，一到周末小奥姥姥就会带着小奥到姨妈家过周末，从小奥咿呀学语开始第一个会叫的称谓，除了妈妈，应该就是豆豆哥哥了，而且很有可能小奥第一个会叫的是豆豆哥哥。一些看似奇怪而反常的事情在我们家都会变得融洽而正常。说到小奥对二姨夫的称谓，遵循传统应该是叫“老姨夫”，但对于刚刚学说话的小宝宝来说，这三个字不是很好发声，而且我们还需要给小奥解释“老姨夫”这个称谓的来龙去脉，秉持着我们家一贯从简的办事逻辑，有姥姥自然就有姥爷，所以小奥就叫二姨夫为姥爷，所以这个“假”

姥爷就这样产生了。

这个称谓没毛病，小奥叫着顺口亲昵，姥爷应得开心顺耳。当我爸也在场的时候问题就来了，怎么会有两个姥爷……小奥叫姥爷时，该哪个人答应呢？……为了给小奥区分我爸和二姨夫的不同，就用了真假这两个词汇。这又一次体现了我们家简单纯粹的办事风格。我爸——真姥爷，二姨夫——“假”姥爷。一到了周末，这个小家伙就缠着姨妈和“假”姥爷玩游戏；而“假”姥爷爱热闹，到了周五就惦记着这个小家伙要过来，得给她准备些吃的和玩儿的。他们一起玩耍的时候，“假”姥爷要从沙发上起来倒水，一下子站不起来，晃悠两下再站起来时小奥还知道要上去搀扶，还知道给“假”姥爷捶背。一提到姥爷，在小奥心里，那一定指的是二姨夫。因为她和“假”姥爷待在一起的时间比真姥爷还要多，“假”姥爷享受过的捶背待遇也一定比真姥爷还多。

最让我们笑得前仰后合的片段要数小奥拜年的段子了。那是2018年春节期间，小奥3岁，会拜年了，看了微信里的动画，当下就给“假”姥爷表演，像磕头虫一般不住地磕头，幅度特别大，小手把地面拍得啪啪作响，没见过这个大阵仗的“假”姥爷激动得从沙发上嗖地一下跳起来，高兴得假牙都要掉下来了，脚步也踉跄起来。我们都问“假”姥爷去哪里，“假”姥爷收收假牙回答：“呀呀呀，要去找红包发拜年压岁钱呀!”把我们一众看官笑得眼泪直流，久久不能平复。

小奥的“假”姥爷的问题给大家答疑完了，下面再来给大家介绍介绍我的真姨夫。

我的二姨夫是个一米八几的大高个儿，退休前一直都比较瘦，是那种瘦高瘦高的精干样儿。要说二姨夫的五官相貌很难称得上俊秀，但奇怪的是，我从小到大从来没觉得二姨夫不好看，反而觉得他儒雅帅气，这大概就是腹有诗书气自华吧!

二姨夫的老家是江苏南通掘港镇，二姨夫大学毕业后用他自己玩笑话说就是“被流放到山西”，这可是把他这个从小吃鱼虾螃蟹长大的南方资深吃货憋屈死了。我爱吃、会吃的本领一半来自我爸的先天遗传，一半来自二姨夫的后天栽培，才能发扬光大。最近几年每逢清明时节二姨夫就要回老家祭祖探亲，大姐和二姐自然是一定要陪着，我、小奥还有我母亲也都一并出行。我说出来可能会免不了让大家笑话，我给爷爷奶奶扫墓的次数都没有我跟着二姨夫给二姨夫爸妈扫墓的次数多，所以这个事儿常被小伟拿出来笑话，说我祖籍是江苏南通的。

因为二姨自幼父母双亡，二姨夫也是被“流放的”，所以我姥姥家就像二姨的娘家，只要二姨和二姨夫吵了架，二姨就会到我姥姥家来，抱怨吐槽一番。朴实善良的姥姥从中和和稀泥，俩人也就没什么火气了，回了家继续过日子。所以二姨和我妈他们兄弟姐妹就像亲兄弟姐妹。我母亲和大姐年龄相差无几，虽然辈分不同但无话不谈。我听母亲讲过，她小时候经常和大姐、二姨夫睡一个被窝，早晨起床后二姨夫负责叠被子，一边叠被子一边给我母亲和大姐唱儿歌……从小二姨就一直称呼我小鬼，因为大姐是大鬼，二姐是二鬼，我自然就是小鬼；二姨夫的叫法就气质很多，大丫头、二丫头、小丫头，有时候也叫大闺女、二闺女、小闺女。

在我记忆中，二姨二姨夫搬了好几次家，但不论家怎么变，不变的是永远会有好多好多二姨夫的书。我住的最多的是三桥街的旧家，因为房间不多，所以书房也兼作客房，在客房里有一整面墙的书柜，里面摆满了书。小时候没有仔细看过里边的书，大多时候都是在过年过节被我们当作拍照用的背景墙。后来搬了大家，大姐给二姨夫专门设计装修了一个书房。两面墙壁全都定做了从地面到房顶的书柜，但仍然放不下二姨夫的书，还有很多需要暂存在地下室。二姨夫和我说得最多的一句话就是：“小闺女，你要多看看书，提高自己的文学素养，二姨夫书房里的书你一定要多看，特别是二姨夫写的书，你更得多看，那样能提高你的文学修养。”我在上大学前还真把二姨夫这话听进去了，琢磨着为了提高我的文学素养，我得好好读书。但是进了二姨夫的书房，从哪一本开始读就把我难住了，那种感觉就像进了衣帽间转了一圈，仍然没衣服换，还觉得自己没有衣服穿，无从下手。我后来想，二姨夫是《名作欣赏》的主编，那我就从名著下手吧，于是开始读起了外国名著。那时我读起名著来还是很吃力，基于翻译版本的不同，也确实是需要提高文学素养，有很多地方看不懂，我就又进书房查词典。我一边看一边查，遇到不懂的就查出来， 查出来就标注在旁边，看完这本放回去再换下一本。好多年过去，我听母亲说，二姨夫后来看书的时候翻到了我的笔记，捧着书问我母亲：“你知道这是谁写的吗？这么多年你连一本我的书也没看过，这是小丫头写的，学习看书就得这样。小丫头看书这个认真劲儿，以后肯定优秀着呢（这最后一句是我自己脑补的）。”既表扬了我，又批评了一下我母亲不爱看书的缺点。

二姨夫曾做过一件最让我感动的事。我十三四岁的时候丢了母亲给我买的第一个手机，趴在二姨夫家床上不吃不喝地痛哭了好几天，我当时觉得天要塌了，我也快活不下去了。有一天，估计二姨夫是实在不忍心看我继续萎靡不振下去，推门进来慢慢悠悠地和我说：“小丫头，二姨夫退休了，拿个手机没什么用，你大姐给我的手机，我也不怎么会用，给你吧！”哇！当我听到二姨夫说的话和看到他做的一系列动作，我当时呆在原地回不过神来，感觉二姨夫就是救苦救难的活菩萨。我当时好像激动到难以言表，马上擦干眼泪向二姨夫拍胸脯保证，等我以后挣了钱一定给二姨夫买个时下最好最贵的手机。

二姨夫还有一个事情对小丫头是又爱又恨，他既喜欢和小丫头一起吃饭，又担心小丫头把好吃的都吃了，二姨夫抢不上。哈哈……我真实可爱的二姨夫。

二姨夫就像是我们身边的吉祥物、古诗文学词典、人文古迹兼职导游、笑话宝盒、相声捧哏队友等等复合型的全才。我相信没有一个人会觉得和二姨夫相处不来，没有一个人会觉得和二姨夫待在一起无聊不适，我想不出更好地形容他是一种怎样的人格魅力。

二姨夫突然去世，我一直认为他是去另一个世界做神仙了，说不定是赶着和金庸沟通新著作去了……我也是和小奥这样解释的。他平时身体硬朗，突发奇想就赶着和金庸交朋友去了，这让我们所有的人都猝不及防。慢慢地回过神来，我开始思考二姨夫留给我们最宝贵的是什么？人生的价值和意义又是什么？

从二姨夫离开后，家里发生的一幕幕我都记忆深刻。这一幅幅的画面都让我看到了家人、朋友们存在的意义，让我看到了二姨夫是怎样的为“人”。因为他走得突然，家里人都沉浸在悲伤中回不过神来，仅仅通报了二姨夫生前的单位。单位的人自发地来到家里，自带笔墨纸砚，开始写起讣告、挽联。因为送花圈的亲朋好友太多，需要写好多好多的挽联，写挽联的亲友几乎就没有歇息一下。那画面像极了张艺谋导演的电影《我的父亲母亲》其中的片段，村民们自发前来送行扛棺材，根本无须家人组织招呼。前来吊唁二姨夫的不乏有身份的人士，文化界、出版界的名家就不胜枚举，还有不知姓名的小区邻居外加“狗友”，看到院子里摆放着花圈自己找上门来送二姨夫最后一程。就连小区物业也主动上门来吊唁，一再询问有什么可以帮忙的，让我们随时告知。后来得知二姨夫在生前经常给物业义务帮忙，给物业的文娱活动提供咨询、建议，好像还给小区物业讲过课，送过墨宝和书籍。这是一种什么力量，让大家自发地愿意为二姨夫做些力所能及的事情。我感觉是二姨夫生前的一言一行，能够感染身边每一个人；那种感染又恰如其分，而不会过度干涉你的喜好和习惯，那是豁达、乐观、睿智的人格魅力。二姨夫的晚辈同事续小强社长曾写过这样一句话来纪念他："他不曾很浓烈地忧过自己的忧，所以他才能那么快乐，顺手又收获了他一直以为的天大的幸福。"我写不出这么美丽的词句，但我可以从这些文字中感受到被二姨夫感染到的力量，强大而又温柔。

在这个静静沉沉的夜里，我细细体味，二姨夫留给我的最宝贵的财富是他真实认真地过好每一天，善良对待每一个他所遇见的人，用美好的心态，美好的眼光去欣赏所能看到的一切人和事物。我觉得二姨夫实现了人间最高理想——"知识欲的目的是真，道德欲的目的是善，美欲的目的是美。真善美，即人间理想。"（引自日

本学者黑田鹏信）

谨以此拙文纪念我真善美的二姨夫。

小闺女

2020年2月19日夜

张公善识才俊,以奖掖提携为乐事。

生性达观,相安随遇,

自况顽童,不拘礼俗。

无鼎珪之志,若仙行于世。

齿不健而好食,音未全而好曲。

寓乐寄情于麻将,若杜康于刘伶,梅鹤于林逋。

* * *

北大才子名作开山德重书林人尊泰斗

江东雅士北岳攀峰行高梨园世仰先生

挽联、挽诗及悼文

/曲润海等

优伶传记，才子遭革文化命，难留片纸

《名作欣赏》，书痴幸逢振兴时，永镌丰碑

仁健学兄千古

——曲润海敬挽

北大才子扎根三晋书刊业功绩卓著有口皆颂

南来俊雅同事卅载情谊如师友手足痛失知音

——张成德哀挽

江南才子燕园郎惜墨如金名作传世

三晋文魁北岳杰奉业似母经典惠人

惊悉校友文友离世,不胜悲怀。谨撰拙联一副致哀。

——厚余泣悼

北大才子名作开山德重书林人尊泰斗

江东雅士北岳攀峰行高梨园世仰先生

——晚辈小强撰联悼挽

——义子姚军泣书

书生本色谐雅笃仁不断《舞文杂辑》鳞爪依然神手笔

侠客心肠趣真刚健首创《名作欣赏》弃石原本老英雄

仁人达观与君同，健笔端能继古风

走傍立冬寒衣节，好将哀思托清明

——梁申威哀挽

出南通进北大入三晋得贤妻生二女

创名刊撰辞书著文章获口碑称精英

惊闻张公仁健辞世。余与张公自是同事,然称师称友可也,称引路人亦无不可也。

——济东泪书

相识卅四载亦师亦兄亦邻家大叔

驾鹤一时间如风如电如神仙归府

悼仁健先生

——胡晓青

魂飘西风远去

文留北岳长存

沉痛悼念张仁健先生，默哀……

——郝斌武

椽笔舞墨文联妙绝从此痛失耆老

至善达观庄谐行世于今归作神仙

张仁健先生仙逝，吾辈痛心不已。老爷子匆匆离世或成神仙耶。

——余超英、续小强、姚军、刘立平泣挽，举酒相送

姚军、刘立平撰联

创一枝独秀功留并州大地

振张氏门庭光耀螾山桑梓

仁健兄千古，家国栋梁

——弟发小挚友金志仁敬挽

根自掘港，学成北大，发配山西幸遇易老慧眼识才俊

恃才狂啸，罗难漏网，得以安身立命效力文苑展才华

——东满、素芝敬挽

南通俊彦，北大才子

创办名刊，誉满天下

仁健师兄千古

——珍尔敬挽

惊闻仁健突然辞世，难以置信，令我分外哀伤。我远在广东，不及前往为他送行，更感遗憾。我与仁健共事数十年，成为好同事，好兄弟，挚友。仁健才华横溢，天赋甚高，才思敏捷，文笔出众，工作敬业，为北岳出版社，尤其是《名作欣赏》，做出了很大的贡献。仁健性格开朗，胸怀坦荡，为人忠厚诚恳，是很多年轻人的良

师，同代人的益友。我为失去了一个这样的好兄弟而深深痛惜。愿凤娥节哀，保重身体，望海燕、云燕在这困难的时刻呵护好母亲。

——林友光书

哭仁健

忆昔相识在并垣，交语方知同燕园。

晚我一年划中右，卒业发配此高原。

虽恋江南故乡美，渐爱三晋灰霾天。

奉职文局亲晋剧，喜与爱侣结良缘。

亲撰长文颂名角，文采斐然献梨园。

改开春风一朝起，版业迎来弄潮儿。

文学功底再发轫，典籍百部精心编。

统筹策划多创意，古今名作出如泉。

《名作欣赏》更主创，惨淡经营无休闲。

名家名作名人赏，赢得读者万万千。

发行畅销海内外，举国期刊上凌烟。

不佞有幸得约稿，拙笔磨炼获升迁。

拙评成集又得助，《寻芳屐痕》君命篇，

序言字字溢挚情，洋洋洒洒数千言。

此序自然成名作，不胫而走广赞延，

君身骨直满正气，心仪情同先忧士，

沈君坎坷至相怜，同窗才俊屡顾念。

为助贫弱张正义，不惜牺牲名与利，

君系张公謇之后，才情风骨系祖受，

惜墨如金不滥作，一作必鸣成佳就，

人品文品俱高乘，为何忽去倏难留？

闻君远逝一泪洒，通宵无眠念无涯。

——张厚余

祭仁健兄

灵前吊唁归来，情犹恍惚，往事潮涌。匆匆又有此五古以谒逝者，告慰生者。

同事二十年，相交五十载。

惊悉兄仙逝，恍惚天崩裂。

人生如灯烛，生命何脆弱。

月前曾通话，构想曾相约。

兄言犹在耳，兄作犹待阅。

天何恁不公，索命何匆急。

闻讯情何堪，欲哭声却噎。

痛定思之痛，欲告尚生者。

古训晨昏省，儿女记切切。

倘若谨行之，吾兄何去寂！

世事一轮回，雅奏终有阕。

呜呼复哀哉，愿兄且安息！

——王东满于2018年11月7日傍晚

沉痛悼念《名作欣赏》创始人、首任主编张仁健先生。

《名作欣赏》创意创始人、首任主编张仁健先生，因突发疾病于2018年11月6日在太原去世，享年81岁。

张仁健先生把他后半生的大部分精力和智慧献给了《名作欣赏》，可以说，没有张仁健先生，就没有深受几代文学爱好者热爱的“高雅严正”刊物《名作欣赏》。

今天，张仁健先生离开了人世，但我们名作人不会辜负先生的期待，将继续秉承先生的办刊精神，编辑策划好每一期内容，以优质的内容回馈读者。

愿先生一路走好！

《名作欣赏》全体同仁

2018年11月7日

悼 词

/ 续小强

中国共产党的优秀党员，优秀的作家、编辑家、出版家，《名作欣赏》杂志前主编，北岳文艺出版社原副总编辑，山西省期刊协会前会长张仁健先生，因突发疾病，于2018年11月6日在山西太原不幸逝世，享年81岁。

张仁健，男，汉族，江苏南通人。1938年1月生于如东县掘港镇。1961年毕业于北京大学中文系。先后任职于山西省文化局戏研室、山西人民出版社、北岳文艺出版社，曾任研究员、编辑室副主任、副总编辑。1981年创办《名作欣赏》杂志，后任该刊主编二十余年。

张仁健先生少年艰辛、青年坎坷，然其乐观通达，为人不失赤子之心，立世常怀君子之风，同学文友、同事亲朋，他都能谦和以待，即便保安、清洁工，遇有危难，他都可不计私利而倾囊相助；他安贫乐道、志存高远，中年之后、劫余重生，编刊校书、笔耕不辍，毕竟文章千古事，其有限之生命已入无限之时空！他正气磅礴而风趣超然，那知识分子的风骨让老顽童的笑容灿烂而悠远！平生怀直道，大化扬仁风，斯人翩然离去，故人无限伤怀！

张仁健先生挚爱戏曲事业，在山西地方戏曲研究尤其是丁果仙研究方面做出过巨大贡献，其撰写的《丁果仙艺术生涯》可谓丁果仙研究的开山之作和扛鼎之作。他痴迷于中国古典诗词，在研究和创作两个方面均有不凡建树，先后出版有《咏史诗注析》（曾获山西省首届古典文学研究优秀成果奖）及《足本〈聊斋志异〉注译》《唐诗精品》《舞文杂辑》《鳞爪集》等。如此丰硕精神财富，已为后人所永远铭记。

张仁健先生从事出版工作三十余年，是山西出版界享誉全国的编辑家和出版家。拨乱反正之后，他敢为人先，创办《名作欣赏》杂志，一时洛阳纸贵、名满天下；他创新进取、筚路蓝缕、久久为功，为杂志各项工作殚精竭虑，《名作欣赏》杂志在其治下，连续三届获得国家期刊奖，哺育了几代人，为中国经典文化传承做出了巨大贡献。在主编杂志的同时，张仁健先生不忘北岳文艺出版社的图书出版工作，先后主持编辑出版了

《诗词曲赋名作鉴赏大辞典》《中华经典散文》《中华百年经典散文诗》《中国游记散文大系》等极具影响力的高品位图书，至今仍为广大读者津津乐道。如此丰功伟绩，已入中国出版文化事业史册！

张仁健先生离任之后，一直饱含深情并以实际行动关注、支持《名作欣赏》杂志和北岳文艺出版社的事业发展，为杂志的成功改版和出版社的破局发展贡献了自己的无私力量。在其离世之前，仍在关心《此世今生未名情》（“北大120周年校庆纪念文集”）、《山西地方戏曲》及《晋剧坤伶须生开宗泰斗丁果仙》（三卷本）的编辑出版工作。其矢志不渝的文化精神，堪为后世楷模！

1982年，张仁健先生被评为山西省劳动模范；1987年被评为编审；2000年被评为第三届全国百佳出版工作者。他为山西出版事业鞠躬尽瘁、劳碌一生，直至生命终点！呜呼哀哉，他的逝世，是山西出版的重大损失！我们每一个人都无比沉重、痛惜！

北大才子名作开山德重书林人尊泰斗，江东雅士北岳攀峰行高梨园世仰先生！

张仁健先生安息！

我们将永远怀念您！

张仁健墓志铭

/姚　军

张公讳仁健，江苏南通如东人，一九三八年一月出生于掘港镇，二〇一八年十月卒于山西太原。自幼聪慧，本性仁善，弱冠之岁，求学于北京大学中文系，自此文华耀显，士骨初具。尝致力于戏曲研究，探幽三晋腔韵，梳理氍毹名家。继献身出版事业，创办《名作欣赏》，荟萃鸿儒，广播海内，堪领一时教化之功。为人作嫁之余舞文不辍，伏案雕龙，凭轩吐凤。视文章无穷事，有数十种著述、百万言文字存焉。喜联句属对，年节婚丧，每有佳构，庄谐短长，足以赏观。张公善识才俊，以奖掖提携为乐事。生性达观，相安随遇，自况顽童，不拘礼俗。无鼎珪之志，若仙行于世。齿不健而好食，音未全而好曲。寓乐寄情于麻将，若杜康于刘伶，梅鹤于林逋。其力不足缚鸡，其言不与争胜，若事关大义，见一介书生慨然而起，置身家于不顾者，阮嵇之风于君绝矣。岁在庚子三月十六。

張公諱仁健江蘇南通如東人一九三八年一月生於掘港鎮二零一八年十月卒於山西太原自幼聰慧本性仁善弱冠之歲求學於北京大學中文系自此文華縟彩士骨初具嘗致力於錢鍾書研究探幽三晉積韻梳理甄龕名家絕技於出版事業創辦名作欣賞薈萃鴻儒廣播海內堪稱一時教化之功為人作嫁之餘藉文亦徵伏案雕龍憑軒吐鳳視文章為家事有數十種著述百萬言文字存焉直聯句屬對年節婚喪每有佳構莊諧絕長足以賞觀張公善識俊才以獎掖提攜為樂事生性達觀和安隨遇自况頑童亦鄙禮俗無鼎鐺之志若仙乃於老當亦健而好食音未全而好樂寓樂寄情於麻將若杜康於劉伶梅鶴於林逋其方城之鏖戰其言不與爭勝乃見其大美哉見一介書生悠然而起置身家國於不顧者阮嵇之風於君絕矣

如果说，我和你妈对未来寄予希望的话，

我们唯一的也是最大的希望便是“望女成龙”。

我们将把余生的一切无条件地奉献给你们姐妹二人，

尽我们的最大努力，为你们的成才、成功，

为你们未来的幸福创造条件，

这也许是我们今后的希望所种，幸福所在吧。

* * *

因缘天演

似这等弱小精灵何以稳居生肖首位

却原来万代众生唯其基因相似吾曹

附录一：

张仁健十二生肖礼赞联

子鼠联

似这等弱小精灵何以稳居生肖首位

却原来万代众生唯其基因相似吾曹

横批：因缘天演

丑牛联

甘为孺子供乳俯首

只需草料果腹奋蹄

横批：大可钦敬

寅虎联

岗峦傲啸猛兽闻之伏俯

林莽威巡狡狐假以造势

横批：雄风烈烈

卯兔联

成天捣药难愈嫦娥乡愁症

霎时停杵喜闻亲人健步声

横批：圆梦在望

辰龙联

腾云中华祥瑞笼四海

破雾重洋正声布八方

横批：百年崛起

巳蛇联

无足无翅曲折屈伸必取前方目的物

有张有弛冷静热动擅控后续节律点

横批：道亦可风

午马联

与开放先驱丝路跋涉

为兴荣共进彩带飞扬

横批：神骏添翼

未羊联

漠北映雪簇拥华夏和平使节

岭南凝瑞绽放神州锦绣春城

横批：从不洋洋

附文友何永康教授和联：

笑口轻咩颂唱草原地母仁健

绒衣大庇暖和天下苍生永康

横批：何妨张扬

说明：何永康先生属羊，审余羊联拙作，即兴自拟生肖联应和，且于两联煞尾巧嵌我俩之名，真乃出手不凡，令人叫绝。乃妄加“何妨张扬”之横批放肆补嵌，“何、张”姓之谓也。

申猴联

其一

行者力行者妖氛弥漫云路除害

悟空难悟空霸气纵横海天闹宫

横批：豪侠鼻祖

其二

唯灵称王即使山中有老虎

群芳争春何愁人间无仙株

横批：适者天择

酉鸡联

其一

声声啼晓昭日月

频频产卵惠平民

横批：无愧无悔

其二

数声月光曲惊觉茅店客

一径板桥霜深印乡愁痕

横批：情曲绝唱

戌狗联

藏獒精忠奋足千里勇

京巴感恩摇尾一家欢

横批：犬性当扬

亥猪联

其一

天蓬元帅始终接地气

地煞另类造化升天庭

横批：天地随缘

其二

八戒不戒饮食男女

悟能最能保全自我

横批：本真本色

附录二：

张仁健近作楹联

（2015年10月—2016年10月）

一、应邀为“青莲众友”上联戏对下联三副

其一

青莲众友问道青城，登青山，步青云，赏青色，留青春足迹

绿水群芳荡桨绿洛，戴绿笠，披绿蓑，采绿荷，觅绿波仙踪

横批：山水宜人

其二

青莲众友问道青城，登青山，步青云，赏青色，留

青春足迹

红军健儿突围红都，举红旗，唱红歌，洒红血，染红彤版图

横批：抚今追昔

其三

青莲众友问道青城，登青山，步青云，赏青色，留青春足迹

绿营党魁泛舟绿潭，饮绿酒，壮绿胆，溅绿沫，污绿岛春光

横批：登高望远

记：乙未岁十一月初三凌晨四时，余睡醒。偶开手机，见胡玉亭律师发来短信，载"青莲众友"长联上联，请余对下联。遂睡意索然，冥思下联，晨兴竟凑成。"绿"二"红"一三下联并拟横批以资联缀，抄录如上，供同好切磋交流，其三下联，嘲台湾绿营党魁坚持"台独"之不智之举，可资茶余饭后之笑谈。

二、为次女加盟组建“金诚同达”安徽律师分所开业应邀作贺联

坚韧不拔金石为开坦诚守信风帆高扬

砥砺相携同心奋进通达顺时旗舰领航

上联应邀志贺为金诚同达律师事务总所安徽分所开业

舞文老朽张仁健岁在乙未秋于合肥

外一联

金石共铸掷地有声诚乃稀世瑰宝

同气相求登天无畏达于伟业极致

横批：精进不懈

又一联

金诚一体安居仁心豪宅

同达五洲健步义足通衢

横批：仁义永恒

三、贺晚辈孙荣华、顾雅文婚庆喜联

贺 顾雅文 / 孙荣华 贤伉俪喜结良缘

儿孙绵延代代荣华无比

盼顾生辉时时雅文内蕴

横批：百年好合

表舅爷张仁健于太原撰联祝福

四、贺康睿表侄、张笑侄媳燕尔新婚

贺 张笑侄媳 / 康睿表侄 燕尔新婚

康门崇勤尚睿后继有人君子自强创业已成洞房花烛夜三春争胜

张女解语善笑喜颜倾城好逑天作于归终身鸳枕缱绻时四世叩门

横批：百年和合

表姑父张仁健撰联致贺

岁在丙申春时年七十有八

五、祝余昌华义孙、刘瑶义孙媳新婚大喜

祝福　刘　瑶孙媳　新婚大喜

余昌华义孙

祝余宅人丁昌盛华堂四世绕膝

贺刘家快婿趋庭瑶台五福入怀

横批：美满良缘

义祖父八旬翁张仁健欣然撰联以贺

六、姨外孙白如斌与孙媳郭姣婚庆贺联

庆贺　郭　姣　孙媳　美满姻缘

白如斌　姨外孙

白璧无瑕如意郎君斌斌堪称乘龙快婿

郭堡有葩窈窕淑女姣姣当是栖凤梧桐

横批：天作之合

老姨夫八旬翁张仁健祝福

二〇一六年六月十日庆典时于并州

七、程文琼女士、杨震春先生燕尔新婚志禧

燕尔新婚志禧

杨震春先生

程文琼女士

万里锦程偕赴英伦文迈琼林喜结才俊情侣

千倾骄杨冠绝秀容震撼春心终成美满眷属

横批：良缘天作

说明:程文琼女士,祖籍宁夏,大学毕业后,赴英国纽卡斯尔大学同声传译硕士生毕业;杨震春先生亦在英同校环保研究专业硕士毕业,现正就读博士。其为山西忻州(古称秀容)之杰出才俊。

八、猴年新拟春联一副

唯灵是长即使山中卧老虎

有凤来仪未必人间缺仙株

横批：金猴呈祥

撰于丙申年将临之际

九、鸡年为合肥棠溪人家次女居所预拟春联

金鸡唱晓永遇乐伴西江月色

紫阳盈门沁园春催满庭芳泽

横批：诗韵雅居

说明：棠溪人家小区以永遇乐、西江月、沁园春、满庭芳四大词牌规划命名苑区。

十、梦春郊游即景联

碧水涌动处泽惠沃野千顷

黄鹂放歌时春催繁花万木

横批：心潮遂梦归

二〇一六年七月十二日凌晨记录整理

十一、痛挽同窗挚友彭庆生逝世

结友整六秩相濡以沫吾侪坎壈非缘业

期待近八旬重聚未克他生再缔未名交

横批：庆生永在

二〇一六年五月九日遥祭哭挽

附录三:

张仁健致长女海燕家书

海燕吾女：

最近的家书和给我专谈“打麻将”体会的来信均已收到。你几乎没有正式打过一次麻将，而能将麻将场上和人生舞台联系起来，揣摩体味出那样一番入情入理、见微知著的人生哲理，真使我赞赏不已，惊叹不已。我甚至怀疑，是否是我的遗传因子在发挥着“特异功能”？否则，你怎能如此深得乃父之心呢？我夸你，并不只是因为你能充分理解你爸之所以爱好打麻将，而是从中看出了我的女儿的思维能力和文字表达能力确已达到了相当的水平。我情不能自已地将你的信给田宝琴、林友光等同事传阅了，宝琴姨姨阅后，联想起自己家庭生活的不幸，两个异姓儿子同你的差异，不由泪流满面，唏嘘叹息；我们东库的一位赵师傅，认为此信可以在刊物上发表，可惜，当今中国的刊物，怕还没有一家敢于刊登鼓吹打麻将优越性的文章呢。从你这封来信看，你经过一番努力，将来从文是大有希望的，成就一定不在你爸爸之下。因为，总的说来，你们这一代经过自己的努力，成功的机遇定比我们这一辈大得多。你爸爸现在之所以有些玩物丧志，不求进取，那是因为时代早已磨去了我的进取精神。年已半百，来日无多，对个人的未来不存多少奢望，只求快快活活、安安稳稳地度过余生。如果说，我和你妈对未来寄予希望的话，我们唯一的也是最大的希望便是“望女成龙”。我们将把余生的一切无条件地奉献给你们姐妹二人，尽我们的最大努力，为你们的成才、成功，为你们未来的幸福创造条件，这也许是我们今后的希望所种，幸福所在吧。

前几天，我接待了一位港客，就是邀请我去香港的中华文献社的负责人，此人是我的同龄人，学历、经历几乎一样，只不过他于1981年从大陆去了香港，如今已成为两个皮包公司的负责人。我们很谈得来，几乎成了好朋友。他此次来并送了我一块西装毛料，一个带打火机的电子计算器，一册画历。香港的活动因故延期到明年春节以后。去港是肯定不成问题的。

你妈最近得了一个文化厅发的很好的电热杯，她想冬天你一定用得着，现给你捎去，望你在使用时注意，用完后先切断电源，后动杯子。不要轻易借人，不要丢失。羽绒衣已洗好，张立新为了补过，一再表示要给捎去，那就只好再“考验”他一次吧。挂历尚未印出，待后再寄。

买房的事尚在议论之中。要买房，节支只能解决一小部分的资金，关键是开源。我们来源还是有些门路的，你不必多操心。你的生活费每月40元太少了，至少也得给你50元，这50元，应全部用在你的吃饭和零花上，再不要从嘴上省下来给家里买东西。你过年的霹雳舞鞋已买下了，暂不寄去。过年的衣服在太原买亦可。

妈吩咐你，那位胖女孩的事，尽量少管，千万不要耽误了自己的学习。张立新回来时，可把那件棉衣捎回，再不要给云燕买任何吃的东西。

余不赘，祝

诸事顺利!

父　字

1998年11月19日

海燕吾女：

最近的家书和给我寄“打桥牌”体会的来信均已收到。你几年没有正式打过一次桥牌，而能将桥牌场上和人生舞台联系起来，揣摩体味出那样一番入情入理、见微知著的人生哲理，真使我惊叹不已，惊叹不已。我甚至怀疑，是不是我的遗传因子在发挥着“特异功能”？否则，你怎能如此像个行文之人呢？我夸你，并不只是因为你能道出那样有意思的打桥牌，而是从中看出了我的女儿的思维能力和文字表达能力确已达到了相当的水平。我情不自禁地将你的信给田宝琴、林友之等同事传阅了，宝琴看了之后，[illegible]由衷地啧啧叹赏；我们单位的一位老师傅，认为此信可以在刊物上发表，可惜，当今中国的刊物，怕还没有一家敢于刊登鼓吹打桥牌欣赏性的文章呢。以你这封来信看，你经过一番努力，将来还是大有希望的，成就一定不在你爸爸之下。因为，总的说来，你们这一代经过的努力，成功的机遇定比我们这一辈大得多。你爸爸之所以在学习和事业上不求进取，那是因为时代等等原因，对个人的未来不存多大希望，只求快快活活、平平安安地度过余生。如果说，我和你妈对未来还寄予希望的话，我们唯一的也是最大的希望就是“望女成凤”。我们将把今生的一切，包括[illegible]都献给你们姐妹二人，尽我们的最大努力为你们的成材、成功，为你们未来的幸福创造条件。这也许是我们今后的希望所在、幸福所在吧。

[illegible]

编后记

2016年，北大中文系1956级六十年聚会之际，仁健先生倡议编辑出版回忆录，得到诸多老同学的热烈响应。他担纲主编，起草策划书，拟定书名为《此世今生未名情》，并撰一联“此世迭起风云变；今生常吟未名情”。书将垂成，仁健先生遽逝，令人扼腕叹息。

《此世今生未名情》饱含仁健先生心血，出版后得到北大同学的广泛好评。2019年4月19日在未名湖畔召开的新书分享会上，与会同学无不慨叹，对仁健先生的感怀之情溢于言表。有同学提议举行追思会，然已多耄耋，散居各地，聚首不易，只得作罢。先生一生舞文弄墨，酷爱书籍，思之念之，最好方式莫过于文思。我社遂起念编辑此纪念文集，借以缅怀逝者，砥砺后进。此为本书之缘起。

“夫仁者，己欲立而立人，己欲达而达人。”“己所不欲，勿施于人。”孔子古训，仁健先生时时谨记，终身力行，未尝自满。他近耳顺之年犹撰文自省：“是否仁心健在，不敢自断。”由此纪念集清晰可感，仁健先生的仁爱之心、仁爱之行，俯拾即是，美不胜收——诚可谓“仁心健在”！此为书名之所由来。

此书编辑体例分影集、自述、纪念文字及附录。

影集选取仁健先生本人相片以及与家人、同学、同事、朋友的合影，共计五十二幅。

篇首《张仁健自述》辑自《此世今生未名情》（北岳文艺出版社2019年版）一书，“舞文话疚咎”“濡沫忆故友”“不惑创名刊”“迟暮招诗魂”是仁健先生四个重要时期的驻首回望，缀影连篇，即是其一生之写照。

纪念文字集同学、同事、亲朋之感念，并收录挽联、挽诗、悼文、悼词及墓志铭。

附录部分，辑录仁健先生自作十二生肖礼赞、楹联，以及其致长女海燕的一封家书。

编罢全书，更加敬佩仁健先生的智者风范、君子之风。有语云：

仁健先生，出生江南；半岁失恃，父子相依。

表姐抚育，长而成人；疼爱有加，视其如母。

家学渊源，天赋异禀；挚爱文学，求学北大。

那年那月，风云际会；未名湖畔，波诡云谲。

因言罹祸，险而无恙；落户三晋，从事出版。

恰逢其时，亲创名刊；大放异彩，享誉全国。

老而弥坚，孜孜作嫁；奉献才思，发光发热。

为人处世，蔼然仁者；一生行迹，君子之风。

云山苍苍，江水泱泱；先生之风，山高水长！

北岳文艺出版社

2020年3月